白玉兰的故事

上海外服（集团）有限公司　编

上海人民出版社

目　录

CONTENTS

前言

"筑桥引路，聚才兴业"，是上海外服的使命。

1978 年，十一届三中全会胜利召开，中国迎来了改革开放的春天。外商投资逐渐涌入上海，外商开始设立驻沪办事处并雇用中国员工，上海外服应时而生。自 1984 年公司成立以来，在人力资源服务这条道路上，上海外服在企业与政府、企业与企业间架起了一道道桥梁，凝聚起了各个行业的标杆性客户，经过近 40 年的拼搏发展，逐渐成为人力资源服务行业的领跑者。

2021 年，上海外服集团成功上市，成为行业内第一家整体主板上市的企业，开启了人力资源服务的新纪元。在这样一个承上启下的时间节点，我们觉得有必要回顾这近 40 年的服务历程，重温初心。于是我们有了这样一个策划，并向最早与上海外服建立合作关系的日企客户发出了征稿邀请，希望能与客户共同讲述他们在上海、在中国的发展故事。邀请发出后，我们收到了很多客户的反馈、肯定和踊跃投稿。经过商讨，精心挑选了其中的 27 篇，在查阅相关档案资料后，按与上海外服合作的先后顺序进行排序、汇编成册，并将其命名为《白玉兰的故事》。这 27 家客户，涵盖了贸易、机械设备制造、快消零售、医药与医疗器械、电子科技、建筑工程、精密仪器、物流、证券金融、汽车零部件、重工业、服装辅料、生活消费品等 13 个行业。他们大多在改革开放伊始就进入中国甚至更早就与中国结下了不解之缘，其中既有像三菱商事、丸红这样历史悠久的综合商社，也有索尼、希森美康这样引领市场的高新技术企业。我们的策划更是得到了上海白玉兰会代表干事星屋秀幸先生以及通过上海外服推荐获得上海市"白玉兰纪念奖"的福岛正先生的肯定和支持。他们的故事犹如一帧帧电影画面，将企业在中国的发展印记生动地展现在了读者眼前。

时代变迁如白驹过隙。在当今信息爆炸的互联网时代，能与客户共同合作、呈现一本实体书册，用笔头纸面的形式共同讲述一段故事，显得弥足珍贵。

谨以此书，感谢为中国和上海的经济发展作出贡献的所有企业，感谢一直以来对上海外服的信任与支持，也期望上海外服坚持不忘初心，守正创新，用服务连接未来。

上海外服（集团）有限公司

玉兰芬芳俏争春

　　白玉兰是上海市的市花。冬去春来的时节，白玉兰繁花盛开，大而洁白，朵朵向上，象征着上海生机盎然、奋发向上的城市气质。

　　上海，作为中国改革开放的排头兵、创新发展的先行者，以其"海纳百川、追求卓越、开明睿智、大气谦和"的城市精神和"开放、创新、包容"的城市品格，致力于为企业创造宜居、宜业、宜创的营商环境，吸引了大批外商投资企业钟情上海，扎根上海，立足在上海，面向全中国。在众多外资企业中，日资企业更是富有拼搏品质、工匠精神和拓荒能力的突出代表，在上海改革、发展、建设的历程中，倾注了高度的热情，贡献了奋进的力量。他们是上海从改革开放到高质量发展的塑造者和共建者，也是新发展时期的体验者和感受者，更是未来构建新发展格局的有生力量和中坚队伍。他们深深地融入了上海经济的发展史和上海这座城市的兴盛史，也在中日两国间传递和展示着友好的理念、合作的精神和共赢的信念。

　　上海外服集团是中国人力资源服务行业内第一家主板上市企业，自改革开放至今持续为外资企业提供服务，积累了大量的经验和成果。看似日常细微的人力资源服务，却是外资企业在营商环境中体验最直接、接触最密切的一环。我们有幸始终与外资企业为伴，持续为外资企业在中国的投资和发展提供稳定的人力资源服务，也助力并见证了企业在华经营和事业发展的全过程。这无疑是上海外服集团的责任，也是上海外服集团的荣耀。

2022 年正值中日邦交正常化 50 周年，是具有里程碑意义的一年，2023 年又是《中日和平友好条约》签订 45 周年。我们收集梳理了优秀日资企业的素材，精选出 27 家有代表性、有影响力、有特色的日资企业，将它们的故事汇编成册，形成了《白玉兰的故事》一书，以企业来华发展的历史、企业大事记和奋斗征程中的点滴故事，生动记录了企业与上海经济共同发展的活跃形象与突出贡献，回溯日资企业与中国和上海的情缘。在这些日企娓娓道来的故事中，闪耀着每一家企业奋斗拼搏的背影，交织着每一代员工的同心汇智，也透露着每一位外籍高管对中国上海这个第二故乡的深情与眷恋。他们有情怀、有追求、有作为，始终活跃在上海改革发展的最前沿，拼搏在中国经济舞台的最中央。

玉兰芬芳俏争春。期冀《白玉兰的故事》能成为全新的起点，在中国这片神奇的土地上，更多的外资企业能谱写出属于各自的华彩篇章！

上海外服集团党委书记、董事长

上海白玉兰会的故事

今年（2022年）是日中邦交正常化50周年的重要年份。对我来说，自1979年在北京留学以来，主要通过商务活动参与日中交流已有40余年。其中与上海的关系最为密切，可以说上海是我的"第二故乡"。由于新型冠状病毒在全球范围内传播扩散，我已经3年没来上海了，对上海的感情却越来越强烈。这次收到上海外服以"白玉兰的故事"为主题的撰稿邀请，深感荣幸。

我于1995—2003年期间担任三井物产（上海）贸易有限公司总经理8年，后来又担任上海环球金融中心有限公司总经理2年，在上海工作的这10年里，我挑战了许多令人兴奋的工作。在变化和发展日新月异的上海，我之所以能够胜任诸多重要工作，离不开上海外服一直以来对我的支持。我想借此机会向上海外服的高层表示衷心的感谢。抚今思昔，从1979年开始参与日中交流至今的40多年里，一件件往事像走马灯一样浮现在我的脑海中。我想借此机会介绍一下50年前的邦交正常化、1979年的北京留学以及白玉兰会在上海的活动等故事和经历。我认为，这40年来在中国巨大的发展变化中，即使日中关系经历了巨大的动荡，日中民间交流始终发挥了不可动摇的作用。

1972年9月29日，从北京首次通过卫星广播传来了重大新闻，画面里是田中角荣首相和周恩来总理在日中邦交正常化外交文书上签字的情景。那正是我作为名古屋大学工学部土木工程系3年级学生开始考虑毕业后就业方向的时候。"如果与中国建交，那么能自由往来于日本与中国之间的时代迟早会到来。"那一刻，我就对此深信不疑并且万分期待。虽然我大学专业是土木工程，但怀揣着将来从事与中国人接触的工作的梦想，我不顾大学指导老师的反对，毅然决然地投身于海外业务众多的综合商社，开始了自己的职业生涯。

1979年12月7日，作为三井物产派遣的留学生，我有幸在北京的政协礼堂现场聆听了当时正在北京进行国事访问的大平正芳首相的演讲。演讲主题是"迈向新世纪的日中关系"。大平首相满怀信心地对中国领导人说："日本政府今后将与企业、地方政府、大学、市民一起，在更广泛的领域推进与中国的友好合作。向中国的铁路、港口、发电、通信等基础设施事业和基础产业提供政府发展援助（ODA）、无偿贷款、日元贷款等资金支援，全面助力中国的经济建设。另外，在技术交流、人才培养、留学生接收方面也将给予特别的支援。"他还说："在21世纪，日中两国可能还会遇到很多困难，但日中之间有着2000年友好往来的历史，我们一定可以携手克服困难，渡过难关。"听了大平首相的话，我受到了极大的鼓舞，不知不觉间，与中国的交流也成为我毕生的事业。

1995年夏天，45岁的我带着两个读小学的孩子和妻子，一家四口来到中国最大的国际都市——上海赴任。派驻时间为1995年到2003年，长达8年。8年间，顾客盈门，业务繁忙。三井物产与中国排名第一的炼铁制造商宝钢集团签署战略合作《综合合作协议书》，举全公司之力挑战各种业务；与美国通用和上海汽车集团的合资公司上汽通用汽车建立了划时代的汽车钢板物流供应链。在石化事业和浦东开发等大型商业项目中，我作为上海三井物产的负责人拼命努力。出于对浦东开发广阔前景的确信，在众多日资企业中，我率先将三井物产办公室从浦西的瑞金大厦搬到了浦东新区的上海森茂国际大厦。

2008 年，受森大厦株式会社森稔社长的邀请，我从三井物产跳槽到森大厦担任特别顾问。森大厦在浦东新区开发建设了上海森茂国际大厦（HSBT，高 200 米，46 层）和上海环球金融中心（SWFC，高 492 米，101 层）两座超高层建筑，并负责两座大厦的运营管理，充满挑战。2014 年夏天，我突然接到森大厦社长的命令，让我到上海担任总经理。2 年的总经理任期中，在众多上海朋友帮助下，在当时严峻的日中关系的背景下，森大厦公司的业务实现了增收增益，对此我表示由衷的感谢。能在有"东方曼哈顿"之称的浦东新区陆家嘴金融贸易区作为 SWFC 总经理工作，对我来说是非常值得自豪的回忆。

我在商务工作上受到了中国 40 多年的照顾。特别是在担任三井物产上海总经理时，曾获上海市政府颁发的 1999 年"白玉兰纪念奖"、2003 年"白玉兰荣誉奖"。白玉兰奖是上海市政府为表彰在上海有突出贡献的外国人而设立的荣誉奖项，始于 1989 年，迄今为止获奖人数最多的是日本人。获奖者包括经济界人士、文化界人士、慈善家、学者、友好人士等。

2013 年 8 月，在日中关系陷入僵局的时期，作为一个长期受中国照顾的日本人，我怀着一定要做点什么的心情，拜访了上海市人民对外友好协会常务副会长汪小澍，得到他热情接待。跟汪小澍副会长的会谈，让我再次确认毫无顾虑进行坦率讨论的日中民间交流的重要性。汪小澍副会长直截了当地问我："星屋先生，您认为如何改善中日关系？"我把酝酿已久的白玉兰会的构想和盘托出。"日本白玉兰奖获奖者和上海的从事对日友好工作的人士每年在上海和东京轮流聚会一次，希望通过良好的草根交流加深日中友好。"我的构想得到汪小澍常务副会长的赞同，他承诺全面合作，并达成协议，将该会命名为"上海白玉兰会"，尽快成立。回国后，我立即与每位获奖者联系，说明白玉兰会的成立宗旨。当时没有人脉关系，也没有名册，工作极其困难，但随着赞同者圈子逐渐扩大，创建白玉兰会的梦想逐渐成为现实。

上海白玉兰会成立后，成功举行过六次活动，还有三次因疫情关系取消或在线上举行。

2014 年 2 月，第一次白玉兰会在东京六本木 hills 大厦举行，上海市人民对外友好协会常务副会长汪小澍先生一行专程赶来祝贺白玉兰会成立。

2015 年 3 月，第二次白玉兰会在白玉兰盛开的时节在上海举行，应对外友好协会的安排，会员拜会上海市副市长并进行了亲切的交流。在宴会上，原文化部副部长刘德有夫妇专程从北京赶来，他们以中日关系历史秘闻和对创立举办白玉兰会的充分肯定为主旨的精彩演讲为我们的白玉兰会活动锦上添花。

2016 年 4 月，第三次白玉兰会在东京举行，与会人员首先拜会中国驻日大使馆，并有幸与程永华全权大使在恳谈会上交流。上海市人民对外友好协会景莹副会长一行也参加了此次会议，并给予全面协助。晚上在六本木 hills 俱乐部举行联欢晚会，日本获奖者在会上表演了四川非物质文化遗产——川剧变脸。

2017 年 3 月，第四次白玉兰会在上海举行，这次活动中，会员在拜会上海市副市长后，还进行了纪念植树活动。同时，作为此次白玉兰会的特别企划，上海市人民对外友好协会和市科学技术委员会合作，促成了诺贝尔奖获得者、名古屋大学天野浩教授的特别演讲。演讲题目为《点亮世界的 LED，基础研究的梦想》，邀请上海的多名理科大学生到场。

2018 年 4 月，第五次白玉兰会在东京举办。参会者一同访问了位于日比谷公园内的松本楼（2008 年 5 月，时任中国国家主席胡锦涛曾到访），松本楼小坂文乃社长作了题为《梅屋庄吉与孙文，一生的友情》的演讲，并在演讲过程中展示了很多历史资料与珍贵照片。

2019 年 3 月，第六次活动在上海举行。此次活动的重点是与上海自闭症儿童的交流。第三天，以研究城市问题闻名的明治大学名誉教授、森纪念财团理事市川宏雄先生举行演讲和交流会，上海市政府城市建设相关部门多位负责人出席。演讲题目是《关于提高国际城市竞争力方面对上海的建议》。由于反响强烈，几个月后上海市政府的相关干部访问日本，市川教授就这一课题继续为上海市政府的来访者建言献策。

第七次活动原定在东京举行，因新冠肺炎疫情而取消。第八次白玉兰会虽然计划在上海举办，但由于新冠肺炎疫情仍未得到控制，上海市人民对外友好协会提议以线下线上联动的新方式继续举办。作为 2022 年 9 月的特别企划，国际著名的索尼集团原会长出井伸之先生在线进行特别演讲，并实况转播给上海的大学。这次的演讲主题是《日中关系和亚洲的成长》，给予中日两国年轻人莫大的勇气。2022 年是日中邦交正常化 50 周年的值得纪念之年，第九届白玉兰会鉴于种种原因决定于 12 月 7 日在东京的中国文化中心举办。

每次举办白玉兰会，中日民间交流的圈子就会扩大，我作为干事真是感慨万千。衷心希望白玉兰会今后也能作为民间草根交流的平台，为日中友好作出贡献。

星屋秀幸

上海白玉兰会代表干事

2022 年 10 月 23 日

与上海同行 18 年

今年（2022 年）是中日邦交正常化 50 周年的纪念之年。在漫长的中日交流史上，我感觉这 50 年是一个密度很高的特殊时期。中日友好是将两国人民紧密相连的牢固纽带的基础。就我而言，是工作这根纽带将我与中国以及中国朋友们紧密地联系在一起。

三菱电机与中国的交往有着悠久的历史。特别是改革开放初期，我们开展了人员交流，在电梯、发电机、工厂自动化、空调等主要业务上建立了技术合作，在上海先后成立电梯和空调合资公司，伴随着上海这座城市的发展，我们的业务也稳步增长。

我第一次访问上海是在 1993 年 6 月，这是邓小平先生南方谈话的次年。尚未建成的东方明珠高耸于上海城，贯穿全市的高速公路正在建设中。在城市里工作的人们的眼睛是闪闪发光的，整个城市都充满了活力。街上摆着摊位，有出售的商品，也有食品，如拉面等。整座城市充满着"明天会更好"的光明与自信。

1997 年，我被派到一家合资空调企业。企业成立之初，遇到一些困难，但中日两国团结一致，克服困难，家用壁挂式空调业务发展顺利。从日本三菱电机引入的管理理念、最新的技术与工厂管理方式，使三菱电机的空调在中国市场知名品牌中占有一席之地。

当然，第一家合资工厂的运营并不容易。日本派驻者对改革开放后中国人的思想和文化并不十分清楚。虽然中日友好精神是贯穿其中的，但就工作实践而言，我们处理各种问题，单靠精神是无法解决的。中国员工也是如此。这是中国员工第一次接触日本文化和日本人的想法，他们每天都感到困惑。

然而，中日员工有一个共同的目标，即明天比今天做得更好。在同一目标下，中日员工团结一致、扩大公司的业绩。团结所产生的力量是多么巨大，也是我一生难忘的美妙体验。

不久，中国加入了世界贸易组织（WTO），经济发展迅速，被称为世界工厂。上海也发生了巨大的变化。这是上海工业的升级，吸引汽车工业、互联网技术（IT）、金融等先进产业。其象征是陆家嘴地区的发展。这是一个集金融、保险等国际企业于一体，把上海发展成为国际金融城市的构想。摩天大楼的建设热潮正在进行。此外，为了成为国际大都市，上海的城市美学发展也取得了进展。从外滩地区开始，拆除影响市容环境的部分户外广告牌，并改造河岸。浦东是最新的国际金融中心，浦西的风景与悠久的历史相结合，成为世界上最美丽的城市景观之一。之后还成功地举办了亚太经合组织（APEC）会议、世博会等国际会议和国际活动。

上海的发展也提高了在此生活的人民的生活水平，人们对生活的要求越来越高。为了满足人们提高生活水平的要求，三菱电机将家用中央空调作为先进技术产品推向市场。随着社会和时代的变化，我们改变了空调业务的方式，并不断拓展业务。

上海有吸引世界人民的魅力，许多外资企业对上海的发展和未来潜力有着浓厚的兴趣。同时，外商投资企业要继续努力开发和提供新技术、新服务，以适应上海的发展。特别是年轻一代，他们通过互联网与世界相连，对世界非常了解。此外，还有许多中国企业进入世界各国，从中国走向了世界。外国企业如果还以旧眼光看待中国和上海的话，那是跟不上变化了。走进中国社会，感受中国社会，这比以往任何时候都更加重要。中国人在想什么？中国社会需要什么？对于外企来说，这些都是需要了解的。

最后，我想回顾一下中日之间的友好关系。友谊的基础是相互了解和建立纽带。这种纽带更多、更深，中日两国之间的友谊就更深厚、有力。如果不能尊重彼此的存在、增加对彼此的吸引力，那友谊就无法长久。只有我们相互交流、相互学习、相互吸引，才能走向共同繁荣和发展的道路，中日友谊将永存。

在直视这一悠久历史的同时，作为老朋友、好邻居，我衷心希望这种更加成熟的友谊能够永存。

福岛正

三菱电机空调影像设备（上海）有限公司

2022 年 9 月 29 日

所期奉公、处事光明、立业贸易

三菱商事（上海）有限公司

三菱商事株式会社是日本最大的综合商社之一，与遍布全球的本公司分支机构以及约 1700 家合并事业公司协同开展业务。三菱商事通过由天然气、综合原料、化学解决方案、金属资源、产业基础设施、汽车与移动出行、食品产业、消费产业、电力解决方案、复合城市开发 10 个部门加上产业 DX（数字化转型）部门、下一代能源部门构成的体制，以广泛的产业为业务领域开展业务，除贸易活动外，还在全球各地与当地合作伙伴一起，在世界各地的开发、生产和制造等方面发挥自身作用。

三菱商事仍将一如既往坚持光明正大、品格高尚的信念，全力以赴致力于更进一步的发展，力争为建设富足的社会作出贡献。

邦交恢复，进驻中国

1972 年，三菱集团的三位高层首次访华，受到了周恩来总理及中日友好协会会长廖承志等的接见。同年 9 月中日两国邦交正常化，三菱商事立即在中国开始开展业务。

伴随着中国改革开放的步伐，1981 年三菱商事在上海设立了办事处，这是外国公司在上海设立的第一家外资办事处，同时也成为上海

樱花映衬下的三菱商事上海办公大楼

市外国企业常驻代表机构服务部（现上海外服）的001号客户，在上海外服的全力支持下，开启了发展之路。1992年三菱商事在上海设立了当地法人，扎根上海，开展广泛的贸易活动与事业投资。1998年江泽民主席访日，参观了三菱集团。2002年三菱商事社长率领三菱集团16家企业高层访华，拜会了江泽民主席及韩正市长。

至2022年，三菱商事在中国包括北京、上海、广州、香港在内的各地拥有10个分支机构、60余家事业投资公司。伴随着中国经济进入平稳发展时期，三菱商事也将不断深化加强和上海各界的交流及合作，根据《中华人民共和国国民经济和社会发展第十四个五年规划和2035年远景目标纲要》等，与中国企业共同接受挑战、抓住机遇、携手并进。

2014年，中国（上海）自由贸易试验区管理委员会授予三菱商事（上海）有限公司"亚太区运营中心"试点企业称号。

2020年，三菱商事（上海）有限公司被中国（上海）自由贸易试验区管理委员会授予"30年卓越贡献企业"称号。同年首批加入全球营运商（GOP）计划。截至2022年，三菱商事旗下有3家公司在浦东新区设有跨国地区总部，2家公司加入GOP计划。

践行"所期奉公"，彰显社会责任

三菱商事入驻中国40余年，始终遵循1920年三菱第四任总裁岩崎小弥太所提出的"三纲领"（所期奉公、处事光明、立业贸易）这一企业理念，致力于为中国客户提供从开发直至采购、生产、流通销售等各环节的整体经营的最佳解决方案。并在不断开拓在华业务、在不同产业领域开展广泛业务的同时，及时把握地球环境与社会的课题，通过业务活动为解决这些课题作贡献，力争不断创造"经济价值""社

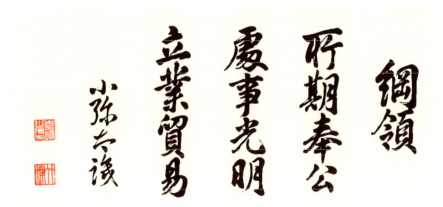

三菱商事行动指南——"三纲领"

会价值""环境价值"。三菱商事遵循"三纲领"中的"所期奉公"（通过发展事业努力实现物资和精神更加丰富的社会，同时为维护宝贵的地球环境作贡献），积极投身文化交流及公益事业。

2002 年以来，三菱商事每年资助上海 3 所大学（复旦大学、上海交通大学、同济大学）与日本成蹊大学的交换留学生项目，为上海大学生创造走出去的机会，让中日两国的学生相互了解、增进友谊，鼓励他们为中日友好作出积极的贡献。自 2014 年起启动上海外国语大学、上海大学等的国际奖学金项目，鼓励优秀学子学成后为增进中日两国的友谊，为中国、上海的经济建设作出自己的贡献。

在维护文化财产、支持相关研究及中日交流方面，三菱商事从 2012 年起资助上海鲁迅纪念馆。

2019 年起，三菱商事资助"天使知音沙龙"，帮助自闭症儿童学习音乐，积极地融入社会。同年，三菱商事独家赞助由"天使知音沙龙"参演的"玉兰绽放 30 周年主题纪念慈善交响音乐会"，为社会了解、关爱自闭症儿童打开了新的渠道。

2020 年，新冠肺炎疫情发生后，三菱商事在第一时间调配各种资

三菱商事代表在"玉兰绽放30周年主题纪念慈善交响音乐会"上发言

源，发挥三菱商事作为日本最大综合商社的全球交易平台供应链优势、跨境资源组织能力，联络境外供应商，迅速完成数万只医用口罩的海外调度，驰援上海，为上海防疫抗疫工作贡献力量，获得了上海市政府的肯定。

2021年，山西人民遭受严重暴雨洪涝等灾害，三菱商事第一时间向上海市慈善基金会"驰援山西水灾"项目捐款，对受灾群众表示慰问，鼓励灾区人民投身灾后重建。

2022年抗击疫情"大上海保卫战"期间，三菱商事获知相关养老机构面临医疗和消毒设备的短缺后，在上海市人民对外友好协会的组织下，第一时间向上海市慈善基金会抗击新冠病毒肺炎疫情专项行动捐款，购买了空气消毒机并捐赠至养老院。

上 海 市 人 民 政 府
SHANGHAI MUNICIPAL PEOPLE'S GOVERNMENT

感谢信

三菱商事(中国)有限公司：

  在我市全力阻击新型冠状病毒感染肺炎疫情之际，收到贵公司捐赠的物资，我谨代表全体上海市民，并以我个人的名义，向贵公司表示衷心感谢。

  疫情发生以来，我国政府高度重视防控工作，始终把人民群众生命安全和身体健康放在第一位。我市把疫情防控作为当前最重要的任务，各部门正在通力协作，科学地采取各项措施，确保疫情防控和医疗救治有力有效，社会平稳有序。

  在这个非常时期，我们能收到来自三菱商事(中国)有限公司和平井康光先生的真切慰问和关怀，让我们倍感温暖和感动。贵公司与我市人民的友好往来源远流长。自疫情发展以来，贵公司主动向上海市人民政府捐赠疫情物资，与上海人民守望相助、并肩"战疫"。感谢三菱商事给予我市的宝贵支持和帮助，相信在中央政府的领导下，在各方的努力下，在国际社会的支持下，我们一定能够打赢这场病毒阻击战。

  最后，我衷心地祝三菱商事全体职员身体健康、生活幸福，愿我们之间的友谊更上一层楼！

上海市副市长 许昆林

2020 年 3 月 16 日

上海市人民政府致三菱商事的感谢信

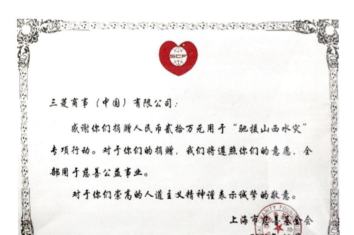

三菱商事"驰援山西水灾"捐款证书

扎根上海，结缘"白玉兰"

三菱商事的日籍高管们在上海工作生活期间，也与"白玉兰"结下了不解之缘。

2009 年，上海市政府为表彰外国友人对上海市经济建设、社会发展和对外交流等方面作出的突出贡献，授予时任三菱商事（上海）总经理山口力"白玉兰纪念奖"，这也是三菱商事（上海）的高管首次获此殊荣。

2014 年、2017 年，三菱商事株式会社前常务执行董事、前中国总代表平井康光分别荣获上海市"白玉兰纪念奖"和"白玉兰荣誉奖"，并于 2020 年荣获"上海市荣誉市民"称号，成为上海市第 45 位荣誉市民，实现了外国人在上海荣获"白玉兰"相关奖项的大满贯。

2021 年 12 月，三菱商事前中国总代表中塚润一郎和上海市浦东新区区委书记朱芝松在浦东新区人民政府第一会客厅合影

2022 年，三菱商事前中国总代表、三菱商事（中国）有限公司前董事长中塚润一郎荣获上海市"白玉兰纪念奖"。

中塚前董事长说，世界正处在百年未有之大变局，国际形势瞬息万变。在此背景下，三菱商事正以俯瞰世界的全球化视角，分析和把握不确定的宏观环境。随着"十四五"规划的不断深入，国内国际双循环的新发展格局不断稳固。三菱商事也将继续扎根长三角地区，密切关注数字化转型（DX）和脱碳转型（EX）等新领域的发展趋势，利用绿色金融、环境、社会与治理（ESG）管理等有效手段，为实现社会和企业的可持续发展，为上海成为引领国内乃至世界的国际大都市贡献力量。三菱商事作为上海人民的朋友，也将继续积极参与上海的公益慈善事业，做"海纳百川，追求卓越，开明睿智，大气谦和"的城市精神践行者，履行好作为社会一员的职责。

挑战与创造、变革与成长

三井物产（上海）贸易有限公司

三井洋行与上海的关系可以追溯到 1877 年。是年 12 月，三井洋行在广东路 6 号设立上海支店，这是三井在海外开设的第一家支店。三井最初以丝绸和棉纺织品贸易为重点而获得很大业绩，在中国从事贸易的同时，三井还拥有自己的码头、仓库，开设纺织、制油等各种工厂。

20 世纪 70 年代末，伴随着《中日和平友好条约》的签署和邓小平副总理访日，日本企业乘着中国改革开放的大潮，开始在中国发展的历程，三井物产也是其中一家。从 1981 年在上海和平饭店开设驻在员事务所开始，三井物产就和这座城市的新发展紧密地联系在一起。

结缘上海　助力建设

20 世纪 80 年代，中国百业待兴，上海向世界打开了窗口。

上海电视机厂从日立公司引进全国第一条彩电生产线，1982 年正式竣工投产，生产出第一台"金星牌"彩电。1987 年，为了为实现彩色显像管的国产化，在当时电子工业部的支持下，上海市投资设立了"上海永新彩色显像管公司"，三井物产协助引进了东芝公司的技术和设备。

90 年代，随着中国对外开放脚步的加快，三井物产积极扩大在华业务，参与到上海的重大项目建设中。1992 年，三井物产和宝钢签署《综合合作协定书》，构建以人才交流、专家研讨会、共同开展业务等为目的的综合合作关系。1993 年，成立从事钢材加工、销售的上海申井钢材加工有限公司。目前，三井物产与宝钢拥有 16 家合资公司。1997 年，上海汽车集团股份有限公司和美国通用汽车公司合资成立上汽通用汽车有限公司。整合全球汽车材料供应商资源，构筑从订货、生产、运输、保管、加工、仓储到供货的完整准时化（Just In Time, JIT）供应链，三井物产和上汽通用汽车建立了长期稳固的合作关系，为上海汽车工业从进口引进到全面国产化提供了坚实的支援。

1999 年获得上海市"白玉兰纪念奖"的星屋秀幸前总经理形容这段在上海 8 年的任期"千客万来"（日本俗语，即顾客络绎不绝之意），是职业生涯中最为忙碌但又非常充实愉快的时光。

扎根浦东　促进开放

1990 年，中国政府宣布开发开放上海浦东，引起世界瞩目。

三井物产响应号召，为浦东的基础开发和功能开发做了大量相关的工作。

1998 年，三井物产决定从浦西的办公室搬迁至浦东，并正式成为外高桥保税区交易市场的会员。三井物产积极引导相关的日本企业投资上海，落户浦东。芝浦机电、三井信息等一批日资企业纷纷注册成立。浦东国际机场、上海环球金融中心等浦东重大项目建设，也有三井物产的身影。

进入新世纪的上海，产业结构不断转型升级。此时的中国正步入从彩色显像管向液晶平板显示转型的阶段。2002 年，三井物产与上海

高桥秀明先生（中）荣获 2015 年上海市"白玉兰纪念奖"

广电签署战略合作协议，2003 年双方合资成立上海广电三井物贸有限公司。公司与宝钢集团、上汽集团、光明集团、锦江集团等上海市属企业和在沪央企深化战略合作，日常业务和新项目都有发展和突破。

2013 年，三井物产（上海）贸易有限公司完成资本金从 500 万美元增加到 5000 万美元的增资手续，为公司积极参与中国（上海）自由贸易试验区、在上海的长远发展奠定了基础。

"我已经习惯了上海，上海有一种特殊的魅力，可以让前来的人都喜欢上这座城市。"2015 年获得上海市"白玉兰纪念奖"的前常务副总经理高桥秀明先生深情地这样说。

友好交流　践行责任

作为一家世界 500 强跨国企业，三井物产不仅仅专注于企业自身的发展，对促进中日交流、践行社会责任也作出了应有的贡献。

三井物产与复旦大学日本研究中心长期合作，以加深中日友好、扩大民间交流为目的，邀请国内著名学者、企业家及政府干部，面向大学师生及社会各界人士，每年举办数次高端讲座，听众累计数千人。

公司同样心系青少年基础教育，向上海甘泉外国语中学捐赠外文图书、在该校设立三井物产图书角、支持学校的樱花节日语短剧大赛等活动，为提高上海市青少年学习日语兴趣、开阔国际视野提供支援。

2017年获上海自贸区管委会推荐，但因任期届满回国而遗憾错过"白玉兰奖"的前总经理宇都宫悟先生，在担任上海日本商工会理事长期间，带领在上海的日本企业在社会贡献方面做了大量卓有成效的工作——为了提高年轻公务员的外语水平，连续支持举办上海公务员日语班，并在上海外服的协助下开展学员和会员企业员工间的友谊乒乓球赛，促进了政府年轻干部和外企职员之间的交流；成立上海市儿童健康基金会的专项医疗帮困基金，用于上海市困难家庭儿童的髋关节和斜视矫正手术。日本企业真诚的爱心奉献得到了社会各界的赞誉。

展望未来　创新发展

在40年的经营发展中，三井物产适应中国市场变化和上海市发展要求，实现了从代表处到当地法人的转变，钢铁、化工等传统业务稳定增长，食品、流通、信息、医疗、消费服务等业务在多领域加速拓展，贸易和投资并举，成为在中国（上海）自由贸易试验区内名副其实的区域总部。

2022年11月，三井物产参加第五届中国上海进口博览会，展示了畜水产、果汁、日本酒等琳琅满目的日本特色商品。商务部领导莅临展位，详细了解产品性能和业务情况。

"公司将贯彻'挑战与创造'，秉持'变革与成长'，集结当地的智

三井物产（上海）贸易有限公司董事总经理德谷昌也先生

慧、创造力与合作伙伴，嫁接公司的全球经营资源，加速开创跨区域和跨领域的新事业。在全面强化现有业务的同时，敏锐捕捉产业结构及市场需求变化，在环保及消费者导向等成长领域，努力在上海成就新的发展。"2022 年新就任三井物产上海总经理的德谷昌也先生，在会见上海外服集团领导的时候如是说。

"路就在脚下，光明就在前方"，三井物产将一如既往继续跟随开放的上海，发展前行。

笃行致远

——记住友商事在华发展六十余年

上海住友商事有限公司

上海住友商事有限公司（以下简称"上海住商"）是日本住友商事株式会社（以下简称"住友商事"）在中国的投资性公司，于1993年在上海外高桥保税区登记成立，是目前该保税区片区内历史最悠久的企业之一，且连续多年被历届管委会表彰为"保税区百强企业"、多次

上海住商所在办公大楼——上海环球金融中心

被上海市评为外资百强企业。上海住商作为住友商事的全资子公司，同时也是住友商事在海外人员规模最大的法人公司。

住友商事的起点

住友商事作为住友集团的一员，在历经 400 年传承至今的事业精神——"诚实守信""不苟求浮利"下开展事业活动。住友的事业原点是铜精炼业，之后发展至铜矿业及其相关事业。住友商事与中国结缘颇早。早在 17 世纪，住友家将产自日本的铜锭出口到中国，与中国有了贸易往来。

住友商事与中国

住友商事成立于 1919 年，最初是从事房地产开发的公司，之后进军贸易领域。中华人民共和国成立，两国还未建交之际，住友商事于 1955 年投资成立了对华贸易公司"大华贸易股份公司"（简称大华贸易），以大华贸易的名义参与中国业务，是当时少数获得中国政府认可的外国公司。大华贸易在中日两国尚未建交的 17 年间，为住友商事日后对华贸易打下坚实基础，也成为中日民间友好贸易往来的先驱者之一。

1970 年，住友商事在其他商社之前，率先接受了周恩来总理提出的进行贸易的四项条件。1972 年 4 月，住友商事正式被指定为中国友好商社，直接与中国开展贸易往来。1979 年在北京设立第一个代表处后，住友商事分别以上海、广州为中心设立办事处，大力发展在华贸易事业。随着中国改革开放的深入，住友商事紧跟政府的脚步，在经济特区成立了合资公司、独立法人，1996 年又成立投资型企业——住友商事（中国）有限公司，加大加速推进在华业务。2000 年后，随着中国改革开放进一步深入扩大，住友商事对有着世界最大规模产业、最大市场和最丰富资源的中国市场愈发重视，在中国开展了横跨多个领域的贸易以及事业投资。发展至今，中国住友商事 Group（以下简称"中国住商 Group"）在中国已经有 12 个法人及事务所，事业范围覆盖全中国。

在上海的事业活动

上海是中国最重要的战略城市之一，住友商事也极为重视并积极参与上海市的经济建设，是最早一批在上海成立驻沪代表处的外资企业，并且在上海市政府和上海外服等服务机构的鼎力支持下，不断发展壮大。上海住商作为中国住商 Group 在中国（上海）自由贸易试验区的核心企业，自保税区时代起就以诚信的态度积极参与浦东综合配套改革试点和各项政策的"先行先试"，在属地管委会和中国国家外汇管理局上海市分局的推动下，经中国国家外汇管理局批准，自 2007 年起先后在"跨国公司企业内部资金集中管理""收付汇集中管理""国际贸易结算中心""跨境资金池"和投资新三板等外汇业务方面创新试点，并在 2017 年 9 月取得了亚太运营商（APOP）的资格。上海住商为制度创新和政策出台投入了大量资源，为政府新政策的形成积累了必要的经验。此外，上海住商作为上海日本商工会成员每年积极向上海市政府提出改善建议，2022 年更是作为负责人之一，将各方提出的改善建议整理成册，保持与上海市政府的紧密沟通，意在改善营商环境，为创造更好的上海作出贡献。

此外，依托上海市政府的大力支持以及良好的营商环境，上海住商运用自身发达的国际供应链及物流网络，曾给宝钢集团提供高炉、炼铁等大型成套设备，也参与过华虹 NEC 半导体工厂全部设备的运输搬运和原料供应，还承接过上汽通用的焊接设备等大型工程，为上海市的高新技术发展作出了贡献。

面对不断创新和成长的中国，上海住商在经营目标中明确提出要牢牢把握不断成长之中国市场的规模与发展速度，积极进取，勇于挑战，力争构筑新时代收益支柱，强化可持续性经营管理。依托中国政府的各项政策，中国住商 Group 将移动出行、城市开发、环保事业作为重点发展领域，致力于符合地域需求的新业务的开拓，同时也与中国的合作伙伴一同在第三方市场开展合作，将事业版图辐射到全国各地，包括先后在山东、浙江两省的多个城市投资下水处理事业，在江苏省苏州市投资大型多功能复合式商业设施，等等。

为推进住友商事在华各地业务的发展，也为地区经济发展带动企业发展这样良好互惠关系的实现，我们不断努力。今后，我们会继续在大力发展在华传统业务的同时，积极响应国家政策，为保护生态环境、创建低碳社会作出贡献，也将继续积极参与及推进新时代产业的蓬勃发展。2022 年，受中国驻日本大使馆邀请，上海住商携旗下全资子公司思诚思凯信息系统（上海）有限公司参加 11 月于上海举办的中国国际进口博览会，展现住友商事在人工智能领域的阶段性成果。

在中国的社会贡献活动

不仅在经济上，而且在社会贡献方面，上海住商成立至今亦始终秉持住友商事"永远领先于时代变化，创造新的价值，广泛贡献于社会"的企业使命，在开展业务的同时，铭记自身时代先驱的使命，不断创造新价值，积极投身于各类社会贡献活动，履行企业的社会责任。上海住友商事有限公司两位前总经理中浦和一先生、佐佐木新一先生

下水处理相关事业

上海住商爱心物资捐赠仪式

上海住商高层考察慰问爱心援助对象

在任期间，先后荣获了上海市政府颁发的"白玉兰荣誉奖"，体现了上海住商对上海市的发展和中日友好交往所作出的贡献。

支持、培养能担负可持续发展社会建设使命的下一代人才和对社会作出贡献也是上海住商的轴心之一。住友商事自 1996 年起设立住友商事奖学金，向经济上有困难的大学生颁发奖学金。此外，从 2009 年起公司及员工每年向安徽省黄山市歙县的贫困学生提供生活费援助，还定期邀请受捐助的学生代表来上海与员工进行交流，并曾组织员工前往当地进行考察，更好地帮助学生。

为实现 "Great Place to Work" [①]

上海住商为提高员工工作效率及幸福指数，在疫情频发的过去几年间，以最大程度保护员工个人安全为首要任务，于 2020 年在公司内推行工作方式的改革，向其经营目标中 "Great Place to Work" 的实现

① 住友商事 Group 在全球据点构筑 "Great Place to Work" 企业文化，在这样的企业文化里，每位人才认同企业经营理念及愿景，对企业有极强的归属感，充分发挥自身价值，意满志得。住友商事广得人才，努力成为全球人才优先选择的企业。

迈出了切实的一步。上海住商率先导入了办公室自由席制度、远程办公制度、错峰上下班制度，制定了BCP①。在实践中不断完善各项制度，其成果已得到验证。在特殊时期，上海住商迅速从以线下为主模式无缝切换到以线上为主模式，小至员工日常沟通、会议的召开，大至在线签署合约、境内支付、跨国外汇支付等业务的推进都非常顺利。新时代，上海住商将面临更多挑战，不拘泥于过往的辉煌、不墨守成规，不断探索新模式新方向是上海住商的使命之一。

今后的住友商事

如今，住友集团秉承着"自利利他公私如一""注重规划的长远性"等积极为社会作出贡献、勇于进取的精神，在多个领域开展事业活动，成为日本具有代表性的企业，住友商事就是其中一员。回首住友商事百年历史，回首住友商事在华发展的六十余年，我们一直秉承住友家家祖住友政友对后人的要求——"诚实、守信、信用、切实"。强调诚

上海住商公司前台

---

① 即 Business Continuity Plan，业务连续性规划。

信与稳健管理是住友集团旗下所有企业一直且必须秉承的理念，这是住友的事业精神。

言忠信，行笃敬。先人切实实践，后人也必将秉持这一信念，为白玉兰常开不败，也为中日两国今后的发展尽绵薄之力。

正、新、和，敢为天下先

丸红（上海）有限公司

　　丸红株式会社创立于 1858 年，是日本代表性的综合商社。总部设在东京，在全世界设有 132 个海外分支机构，在国内外拥有 463 家合并结算企业，在 2022 年度《财富》杂志"世界 500 强企业"榜单中列第 157 位。其总营业额约为 1006 亿美元，其中对外贸易占 56.7%，是日本综合商社中对外贸易比率较高的商社。

　　丸红株式会社自 1972 年 6 月便开始与中国进行贸易往来。自 1979 年迄今，在北京、上海、广州、天津、大连、南京、青岛、厦门、长春、深圳、昆明、武汉、合肥等地陆续设立了分支机构。其中先后在上海、大连、青岛、天津、厦门、广州的保税区内设立了具有法人资格的独资贸易公司。此外，1995 年在上海成立了注册资本为 3000 万美元（后增资为 6293.78 万美元）的丸红（中国）有限公司。目前，丸红株式会社在中国共投资了 61 家企业。在中国工作的总部派驻人员 100 多人、中国职员 350 人左右。

　　丸红（上海）有限公司是丸红株式会社 1993 年在上海市外高桥保税区设立的独资贸易公司，主要从事国际贸易、代理区内进出口及贸易信息咨询服务，下辖天津、南京、厦门、深圳、昆明、武汉、合肥分公司。丸红（中国）有限公司是 1995 年设立于浦东新区的投资性公

丸红株式会社日本总部大楼

司，2001 年被上海市人民政府认定为丸红在中国的地区总部。

丸红株式会社在中国的重点事业领域主要有三大板块。第一是进一步扩大消费品、原材料和能源资源类商品贸易，以满足人民生活方式多样化的需求。加强"衣食住"方面的业务，同时进一步扩大化学品、电子材料、铁矿石、铜、纸浆、纸箱原纸、家庭用纸、液化天然气（LNG）、船用燃料油、轮胎等资源类、材料类商品贸易业务。第二是积极应对解决各类社会课题。推进绿色事业、环保型原材料（生物降解塑料、趋海塑料［OBP］、纸制容器相关）以及循环再利用业务（碘、易拉罐用铝材），进一步扩大太阳能电池板、电池及电动汽车（EV）相关业务。加强碳中和相关业务（氢能等新能源、碳捕集及利用封存［CCUS］、可持续航空燃料［SAF］等新技术）。进一步推进现代农业事业。关注高龄化社会、医疗保健等业务领域。第三是开发中国原创的新业务、继续拓展第三方市场合作。加强向海外推广源自中国的太阳能电池板、蓄电池、小型卡车、商用电动汽车、医疗技术等技术与服务，与中国的初创企业寻求合作。进一步拓展与中国企业在第三方市场的合作。

回顾丸红在华发展的四十年，随着业务范围的扩大与市场的深入，有太多值得纪念的瞬间，有非常多的故事可以讲述。

虹桥别墅的故事

1984 年，年仅 35 岁的高桥裕治先生只身从丸红东京总部来上海考察房地产投资事业。此间正值上海市政府积极筹备和建设虹桥经济开发区之时。高桥先生历经近一年的实地调研，预见到上海发展前景充满希望，起草在上海建设虹桥别墅的项目可行性报告，取得了总部的理解和批准。

1985年8月，丸红开始了与虹桥开发区建设同步的创业之路。丸红与中国和日本的合作伙伴一起，在"一片农田"中起家，办手续、购土地、搞基建，一个具有日本园林特色的高档住宅区暨上海第一个涉外别墅区——虹桥别墅横空出世，开业迎客。在这个项目的带动下，众多国内外开发商集聚虹桥，投资建设虹桥，各国领事馆官员，外资银行、商社等的高层员工及其家属纷纷到虹桥落户，形成了虹桥涉外房地产投资热潮。以虹桥别墅为代表的虹桥涉外住宅区逐步成形，驰名中外，成为国内外著名品牌。

为此，1986年时任上海市市长的江泽民先生、1988年时任上海市市长的朱镕基先生先后亲临虹桥别墅。江市长亲笔题词"宾至如归"，予以赞赏。朱市长则高度评价丸红为改善上海涉外居住环境作出的突出贡献。两位领导对虹桥别墅的视察永远被珍藏在丸红与中国交往的史册中。

争分夺秒支援武汉抗疫

2020年1月下旬，武汉疫情处在最艰难的时刻，各大医院防护服纷纷告急。武汉最大民营企业卓尔集团董事长阎志先生受武汉市政府领导嘱托，给合作伙伴丸红中国总代表平泽先生发来了紧急求援信，请求火速在日本调集医用防护服运往武汉，信中连用了三个"急"字。平泽先生接到这封信，立即协调丸红内部有关部门与日本国内的合作厂商，克服了种种困难与障碍，以最快的速度将5万套最高等级的医用防护服送上了由卓尔集团安排的包机。紧接着丸红又在日本调集了37450套防护服。两批共计87450套防护服送达武汉后很快被分配到各大医院，强有力地支援了抗疫第一线。与此同时，丸红又向武汉济和

2020 年 1 月 30 日抵达武汉天河机场的紧急运送防护服的包机

医院赠送了两台价值 30 万元的呼吸机，用于抢救重症病人的生命。

湖北省省长王晓东和武汉市市长周先旺听说丸红公司争分夺秒支援武汉抗疫的义举后都深受感动，他们立即发来亲笔感谢信，对丸红为抗击疫情作出的重要贡献给予高度评价并表示衷心感谢。

连续五次出展进博会

自 2018 年 11 月参展在上海举行的第一届中国国际进口博览会以来，丸红已连续 5 年参展进博会，受到了各界的广泛关注和中国政府方面的高度评价。

现任丸红中国总代表篠田聪夫 1992 年 29 岁时就常驻南京，开拓丸红对华贸易和投资事业。2006—2010 年又在上海工作，创建了丸红信息技术有限公司。2020 年 4 月第三次来华赴任，2022 年 4 月担

2021 年第四届进博会的丸红展台，前排左起第三位为篠田聪夫总代表

任中国总代表。他对参展进博会高度重视，亲自决策。在展台设计阶段，他亲自审核设计方案，不放过每个细节，精益求精，力求取得最好的展出效果。展出期间，篠田先生还抽出时间在丸红展位亲自接待来访的各地领导和客人。在他的领导和协调下，公司各个部门踊跃参加，出展内容一年比一年丰富多彩。如在 2021 年进博会上展示了氢供应链、保鲜技术与冷链物流、恒温冷链新材料、生物质资源的回收循环利用以及丸红与早稻田大学共同开发的具有健康功能的童鞋等内容，前来参观和交流的人络绎不绝，丸红展位受到业界和媒体的广泛关注。

在全力支持进博会方面，丸红公司在外资企业中发挥了领头雁的作用，受到了中国国家商务部、上海市政府以及进博会组委会的高度称赞。

丸红中国总代表篠田聪夫寄语

在 2022 年中日邦交正常化 50 周年之际，我们能参加上海外服（集团）有限公司发起的《白玉兰的故事》一书的组稿工作，感到非常荣幸，并向外服公司表示感谢！我们期待着这本书早日出版与广大读者见面。借此机会，对外服公司长期以来对本公司的大力支持和帮助表示衷心的谢意！

丸红自 1979 年正式进入上海以来，已经整整过去了 44 年。回顾本公司在中国和上海的奋斗历程，真是感慨万千！这 40 多年中，在中国政府的指导和支持下，一代又一代的丸红人本着"正、新、和"的经营理念和"敢为天下先"的精神，与中国和日本合作伙伴一起精诚合作，创造了不少第一。如：国内第一个中外合资涉外租赁住宅项目（上海）、第一个中外合资国际货运代理和保税物流项目（上海）、第一

篠田聪夫总代表
（《长江日报》社胡冬冬摄）

个中外合资进口液化石油气（LPG）储存和国内分销项目（深圳）、第一个外资建设—经营—转让（BOT）上水项目（成都）、第一个中外合资综合批发商贸项目（上海）、第一个中日合资污水处理项目（合肥）等。在这当中有不少曲折的过程，更有许多动人的故事。

上海作为中国的经济中心城市，也是我们公司在中国的事业中心。1993 年注册于上海外高桥保税区的丸红（上海）有限公司是丸红在海外最大的分支机构和在中国最大的贸易运营中心。1995 年在浦东新区设立的投资性公司——丸红（中国）有限公司，是丸红在中国的地区总部。

多年来，上海市政府给予了我们极为宝贵的指导和支持。2004 年6 月韩正市长莅临丸红中国公司和上海公司考察调研并与本公司高管进行了座谈。1999 年 10 月、2006 年 5 月和 2011 年 11 月，徐匡迪市长、韩正市长和俞正声书记分别会见了来沪访问的丸红株式会社辻亨社长、胜俣宣夫社长和朝田照男社长一行，对丸红多年来作出的贡献给予了高度评价。2006 年至 2020 年，本公司先后有三人荣获了"白玉兰纪念奖"和"荣誉奖"。借此机会，我代表丸红公司对上海市政府表示衷心的感谢！

"雄关漫道真如铁，而今迈步从头越。"展望下一个 40 年，前途虽不平坦，但我们依然充满信心。我们将不忘初心，勇于挑战，为满足人民对美好生活的新需要，为中国和上海的高质量发展，继续竭尽全力作出贡献。

用时间沉淀价值

岛津企业管理（中国）有限公司

1875 年，岛津制作所在日本京都诞生，最初是一家做理化器材的公司，但就是在这家小小的公司，1877 年放飞了日本的第一个载人氢气球，1896 年在伦琴博士发现 X 光的 11 个月之后，拍出了日本第一张 X 光片，1902 年改良并定型了现代汽车中的蓄电池。1930 年，岛津源藏（第二代）被选为日本十大发明家之一。这是一家以创新技术和产品不断为社会提供价值的企业，迄今已有 148 年的历史。

岛津制作所是测试仪器、医疗器械及工业设备的制造厂商，自 1875 年创业以来始终坚持"以科学技术为社会作贡献"，不断钻研满足社会需求的科学技术，开发生产具有高附加值的产品。并以实现"为人类和地球的健康作贡献"这一愿望为公司的经营思想，以光技术、X射线技术、图像处理技术这三大核心为基础，不断革新，不断挑战，一如既往地为科学技术发展作出贡献。特别是在 2002 年，岛津制作所的田中耕一荣获诺贝尔化学奖，开岛津公司研究人员获奖的先河。

岛津企业管理（中国）有限公司成立于 1999 年 8 月 11 日，是岛津制作所的海外子公司。岛津企业管理（中国）有限公司自成立之日起便继承了岛津制作所 100 多年以来的创业理念，至今已取得了很大的发展，开拓了岛津制作所在中国国内的业务，满足顾客对岛津制作

岛津上海办公大楼

所及其附属公司生产的高科技分析和测试仪器、医疗器械及工业设备等产品日益增长的需要，更有效、更及时地提供优质的服务。

实验设备，开启合作之源

1906 年岛津为湖南醴陵陶瓷学堂、1907 年为四川省成都高等工业学堂设计了校舍，并提供了实验设备的制作和使用指导，这应该是岛津制作所和中国最初的合作。

1956 年，岛津与中华人民共和国开始了贸易往来，参加了在北京、上海举办的第一届日本商品样品展。1972 年中日邦交正常化之后，岛津更是积极地为中日贸易交流开展工作，将分析仪器、医疗影像设备、产业机械等产品源源不断地引入中国。

1979 年，岛津在北京设立了技术服务站，1980 年、1982 年分别在北京、上海成立了代表处，这些代表机构都是当时所在城市中最早的外资机构之一。上海代表处在成立之初就得到了上海外服的前身上海市外国企业常驻代表机构服务部的大力支持，岛津上海的 001 号员工

岛津为湖南、四川等地学堂提供的实验设备的运送现场

就是通过该部招聘上岗的。

到 2022 年，岛津在中国已设立了 14 个分公司、7 个分析中心、1 个创新中心、1 个研发中心，结合在中国的 4 家生产工厂，建立起了基础研究、新品研发、生产制造、产品营销、技术服务、应用支持、耗材提供的完整闭环服务。

分析技术，保障民众生活安心

岛津的产品不直接面对大众，但与每个人的生活都息息相关。空气是否清新、水是否干净、食品是否安全、药品是否合格，这些都是岛津的产品所关心和呵护的。

2005 年 11 月松花江曾发生过一次水污染事件，吉林石化公司双苯厂一车间发生爆炸，造成 70 多人死伤。爆炸发生后，约 100 吨苯类物质（苯、硝基苯等）流入松花江，导致松花江江面上产生一条长达 80 公里的污染带，造成江水严重污染，沿岸数百万居民的生活受到影响。同时江水还将流入俄罗斯境内，可能会造成两国之间的外交问题。

在接到中国国家环保总局、外经贸部的联络后，岛津全力为松花江沿线各水质检测点提供设备保障，不仅提供设备，还提供精兵良将辅助各站点的检测分析工作。同时按照外经贸部的要求，安排了两位同事前往俄罗斯一侧的哈巴罗夫斯克边疆区协助建立水质监测站点。通过近一个月的跟踪监测，确保中俄两国数据比对的准确和完整，很好地化解了一次事关人员饮水及渔业的危机。

正是有着分析技术的支撑，我们才可以用理性、客观的态度来量化我们的世界。

2008 年 9 月中旬，三聚氰胺奶粉事件被曝光，国家决定对包括液体奶制品在内的所有乳制品进行全面检查，急需确立分析检测乳制品中所含三聚氰胺的方法。作为标准制定的合作方，岛津也被邀请参与。负责应用支持的分析中心成立了气相色谱质谱和液相色谱两个分析小组，本着"尽早拿出岛津的分析方法"的想法，两个小组与时间赛跑，不分昼夜地研究预处理、中间检查方法，用了不到 5 天的时间，完成了三聚氰胺气相质谱检测方案的开发，液相小组也在数天后完成了 LC 分析方法的开发。此时又接到了相关机构的联络，预定于 10 月 10 日在上海预防医学会上发表三聚氰胺问题整体解决方案，并需要为食品行业编辑汇总三聚氰胺的分析方法手册。于是分析中心的同事们又放弃了国庆假期，取消了和家人的旅行计划，以"一切为了孩子"的信念，专心投入了这一提升食品安全、提升全体人民安全感的工作。

在政府、企业的共同努力下，三聚氰胺事件在 1 个多月后就逐步平息。在专业尽责的每一位岛津人身上都能看到"舍我其谁"的使命感。

爱心公益，连接共同价值观

长年来岛津在中国也一直致力于公益活动，履行自己作为企业公民的社会责任。自 2006 年起岛津员工就开始了在内蒙古恩格贝沙漠的植树活动。2010 年，这一植树活动从员工的自发变成了公司的行动，以"保护母亲河"为宗旨，岛津在黄河、长江流域的宁夏、内蒙古、山东、湖南、江西等地开展了植树活动，12 年累计造林面积 420 万平方米。

岛津在贵州、湖北等地开展面向乡村小学的援建活动，为学校添置了图书室，帮助孩子们爱上学习、爱上阅读，也通过图书和讲座为山区的孩子们打开看见外面世界的窗户。

对于帮扶活动，岛津坚持做小、做长久，每年在下乡的过程中都

岛津高层走访乡村小学

会与校方开展交流，为校方解决"急难愁盼"的课题。

2020 年岛津在与巴东山区某小学的帮扶中，发现学校的食堂只是一个四面透风的铁皮棚子，学生们只能站着吃饭，于是就为学校添置了餐厅用的桌椅，改善了孩子们的用餐条件。学校是依山而建的，台阶的落差是安全隐患之一，2021 年岛津出资为学校装上了栏杆，让孩子们可以安心奔跑、释放天性。2022 年又为学校修复了校园监控系统，让老师、学生、家长都有一个更加安全的环境。

在岛津看来，热心于公益，既是企业与员工之间共同价值观的纽带，也是企业回报社会最好的一种形式。

一个个"工人先锋号"班组的命名、一个个"职工之家"的认定，一个个"工匠"工作室的成立，岛津在中国，真的越来越像中国的岛津了。

"工人先锋号""长宁工匠"岛津上海分析中心

专业的分析中心实验室，为客户提供全方位的应用支持和培训

荣获 IF 设计奖的创新中心，装备有岛津最新的仪器设备，
与中国的大学、科研机构共同探索未知

　　今天的岛津正在开展分析技术与医疗影像技术的融合探索，也是希望通过这样的跨界，更好地将技术接入每个人的生活，为生活习惯病的发现、癌症的早期发现与有效治疗尽一份力量。每个岛津人都怀揣着一个使命，那就是以科学技术为社会作贡献。

用创意和科技的力量感动世界

索尼（中国）有限公司

    索尼集团是一家建立在坚实技术基础上的创意娱乐公司，现运营六大业务板块：游戏与网络服务业务；音乐业务；影视业务；娱乐、技术及服务业务；影像与传感解决方案业务；金融服务业务。自创立以来，索尼集团始终坚持"用创意和科技的力量感动世界"的企业宗旨，通过创新科技引领时尚生活，不断创造出令人感动和惊奇的娱乐体验。目前，索尼集团在全球 140 多个国家和地区建立了分、子公司

索尼的企业宗旨：用创意和科技的力量感动世界

索尼公司的价值观：带着梦想和好奇心去开拓未来

和工厂，集团 70% 左右的销售来自日本以外的市场，数以亿计的索尼用户遍布世界各地。

索尼集团于 1996 年在北京设立了统一管理和协调在华业务活动的全资子公司——索尼（中国）有限公司（以下简称"索尼中国"）。充分利用集团资源优势，在中国强力打造适合本地化发展的集产品企划、设计、研发、生产、销售和服务于一体的综合性运营平台，为中国的消费者带来更多具有创新性和高附加值的产品和服务。目前中国市场已经与美国、日本一起，成为索尼全球三大市场之一。索尼中国实现销售和利润逐年大幅度增长，形成了稳定的、可持续的业务模式，索尼中国已成为索尼集团重要利润贡献者。

中国市场全球首发"黑科技"

近年来，更多的索尼"黑科技"在中国市场全球首发，在液晶电视、音频产品和数码影像三大消费电子领域，索尼已回到市场的领导地位。主推独特"黑科技"、强大功能和高品位设计的索尼高端产品，现已成为中国广大消费者时尚新生活的首选。同时索尼全球绝大部分电视产品在上海索广工厂生产，索尼中国为上海经济建设和发展作出的积极贡献受到了上海市政府的高度赞赏与好评。

致力于为中国广大消费者提供由索尼集团丰富的硬件、软件和内容打造的"一个索尼"（One Sony）的娱乐体验，2016年，索尼集团在外高桥保税区投资设立了索尼互动娱乐（上海）有限公司，同时积极响应上海发展"五型经济"的号召，全力推动在上海的总部型经济发展，除了将经营手机成像最重要元器件的索尼半导体科技公司落户上海，还联手全球动漫游戏知名公司Aniplex在上海设立安尼普文化艺术公司。2021年，索尼中国被上海市商务委认定为跨国公司总部型机构及外资研发中心。索尼中国及在华关联公司的业务内容均高度契合上海新经济及文化创意产业发展需求，也已成为连接中日相关产业的重要桥梁。

2021年，索尼中国在沪举办了一年一度的大型品牌活动——"Sony Expo"，全面展示电子、影视、音乐、游戏、动漫、教育等业务的发展现状，以及持续创新为用户传递感动的初心，全力展示后疫情时代的企业发展策略——开拓创意娱乐生态圈，打造传递感动价值链！2022年"Sony Expo"亦落户上海黄浦。

以技术贡献社会，传递爱和梦想

秉承以技术贡献社会的发展理念，索尼中国还积极投身各社会公益领域，通过支持抗洪救灾、地区疫情防控、乡村振兴等多种方式传递社会正能量，传递爱和温暖。"索尼梦想教室"项目2020年获得上海市人民对外友好协会和外商投资协会的高度评价，并入选当年度优秀外资扶贫案例。"索尼KOOV国际编程教育青少年上海总决赛"更是

2021 年度大型品牌活动——"Sony Expo"现场

索尼（中国）有限公司被辖区政府授予"社区公益企业"荣誉称号

在国际舞台上充分展现了上海青少年出色的科技创新能力，为中日两国的教育事业交流及发展作出了贡献。

索尼中国组织在华公司员工志愿者连续两年深入上海本地社区，为"星星的孩子"送去温暖和关爱。通过"'悦'读建筑、漫步淮海"主题活动，发挥"One Sony"和人才优势，帮助自闭症儿童探索未知世界，呼吁更多人关注特殊群体的发展；创造让"星星的孩子"融入身边社区的机会，努力为自闭症儿童群体搭建对外沟通的桥梁。索尼（中国）有限公司亦多次被辖区政府授予"社区公益企业"荣誉称号。

多元包容，自由开放，激励创新

用更多元的理念培育人才。在开展全球业务活动并迎接新的挑战时，重视不同的视角和背景是索尼人才战略的核心之一。索尼中国持续发扬企业的多元包容文化，丰富人才多样性，全力提供自由开放的创新环境，构建全方位培养体系，激励员工发掘自身潜能；同时，公

"索尼中国，激励创新"创新大赛现场

司致力于实现"零灾害与零疾病"的安全健康目标，深切关怀员工福祉，助力每一位"索尼人"乐享事业之旅。2021 年，索尼中国再次获得"中国最具吸引力雇主工科和商科 TOP100"荣誉。

索尼中国集聚在华企业内部员工，每年举办"索尼中国，激励创新"创新大赛，旨在发扬索尼创新的 DNA，在企业内部营造勇于创新的企业文化和氛围。参赛者可基于自身的兴趣、技能和知识储备，利用索尼的"黑科技"、产品、娱乐内容、平台服务等资产，针对当下社会和行业的实际需求，进行原创型或优化型创新，部分优质提案或亮相进博会，或实现商业化。创新大赛受到了黄浦区、浦东新区政府领导的高度关注与好评。

2021 年，索尼（中国）有限公司董事长兼总裁高桥洋先生因为对上海经济建设、社会发展和对外交往作出的积极贡献而荣获上海市"白玉兰荣誉奖"，高桥董事长是当年唯一一位日本籍获奖者，索尼中国也是唯一一家入选的日资企业。

高桥洋董事长荣获 2021 年度上海市"白玉兰荣誉奖"

索尼集团与上海外服的合作始于 20 世纪 90 年代，当时索尼香港有限公司上海办事处的首席代表就是高桥洋先生。时隔 20 余载，2016 年高桥洋先生回到索尼中国，出任董事长兼总裁直至 2022 年退休。

索尼集团在中国地区蓬勃发展的同时，上海外服也与索尼中国携手共进，协助索尼中国将浙江省、江苏省等东部地区纳入索尼大区管理框架，实现了东区人力资源的整合。在人力资源服务之外，上海外服也在党务工作和工会工作等方面为索尼中国架起了沟通的桥梁。

作为一家建立在坚实技术基础上的创意娱乐公司，索尼集团的长期企业战略皆致力于围绕创意、技术和世界（社群）这些关键词来创造价值。同时，索尼集团秉持"用创意和科技的力量感动世界"这一企业宗旨和"更贴近人"的企业发展方向，立足长远进行公司经营管理。在后疫情时代，索尼集团将致力于"瞄准元宇宙和移动出行"，共建人、社会、地球的和谐发展。在中国发展各项业务的同时，索尼集团秉承以技术贡献社会的发展理念，积极投身教育、环保等社会公益领域，为促进中国社会和经济的发展作出长久的贡献。

在华四十载，开启发展新征程

野村证券株式会社上海代表处

　　野村证券是一家总部位于东京的全球性金融服务机构，国际网络遍布 30 多个国家和地区。野村于 1925 年在日本大阪成立，在东京、纽约、新加坡三地上市。截至 2022 年，集团拥有约 2.7 万名雇员，资产管理公司的净投资管理规模约 4835 亿美元，零售客户资产规模约合

1982 年，野村证券北京代表处开幕酒会

8800 亿美元，公司总资产约 3604 亿美元。

2022 年不仅是中日邦交正常化 50 周年，也是野村在华展业的 40 周年，值此意义非凡之际，让我们回顾野村深耕中国市场 40 载大事记：

结缘（1980 年）

自 1980 年起，野村协助新兴的中国证券业培养人才，共先后接收、培训了约 1000 名来自中国的研修生。

开拓阶段（1982—1989 年）

1982 年，设立北京代表处，荣幸成为最早一批进入中国市场的外资证券公司。

1986 年，设立上海代表处。

1989 年，荣幸成为上海市市长国际企业家咨询会议的初始成员，从首届会议开始连续多年参会，持续为上海经济发展建言献策。

耕耘阶段（1990—2018 年）

1993 年，荣幸担任中国政府首次发行的龙债及美元债的主承销商。

1994 年，荣幸担任中国财政部首次发行的"武士债券"（日元外债）的契据管理人。

2002 年，荣幸成为首家获得深交所境外特别会员及上交所特别会员资格的券商。

2003 年，荣幸成为首批合格境外机构投资者（QFII）。

2006 年，荣幸成为重庆市市长国际经济顾问团的初始成员，从首届顾问团年会开始连续多年参会，持续为重庆及成渝地区经济发展建言献策。

2009 年，首次举办野村中国投资年会（Nomura China Investor Forum），截至 2022 年已经成功举办 13 届。

"武士债券"的交易纪念牌

2011 年，设立野村信息技术（上海）有限公司。

2018 年，设立野村投资管理（上海）有限公司。

2018 年，野村参与成立中日产业合作基金，此基金由中国投资有限责任公司与野村及另四家日本金融机构共同成立。

奋进阶段（2019 年至今）

2019 年 3 月 13 日，野村东方国际证券有限公司由证监会核准设立，野村荣幸成为新政出台后首批获得核准设立的外资控股券商。

2019 年 12 月 20 日，野村东方国际证券举办开业典礼。

2019 年，野村资产管理有限公司与华夏基金管理有限公司达成伙伴关系，共同参与中日交易所交易基金（ETF）互通项目。

2020 年，野村荣幸成为中国金融四十人论坛（CF40）理事单位，是首家成为 CF40 理事单位的日本企业。

2020 年 12 月 1 日，野村东方国际证券北京分公司正式开业。

野村中国投资年会现场

2021 年 7 月 29 日，野村东方国际证券深圳分公司正式开业。

2021 年 12 月 3 日，野村东方国际证券浙江分公司成立。

2022 年是野村进入中国市场 40 周年，野村迈入了发展历程中的崭新时刻。40 年来，我们荣幸地见证了中国的改革开放，我们凭借自身全球优势和金融专长，为中国市场和中国客户提供有力支持。

40 年来，野村在华业务的不断壮大和可持续性经营的稳步推进，离不开监管机构和社会各界的热忱指导和帮助，离不开业务伙伴们的鼎力支持，而上海外服集团更是我们中国业务展业伊始就合作至今的亲密伙伴之一。上海外服一直为野村输送优秀人才，并提供全面的人力资源服务，同时为员工提供灵活多样的保障及福利，获得员工的高度肯定，这些都加强了员工对野村的归属感。随着野村在华业务的发展壮大，以及上海外服集团的成功上市，双方的合作也将日益加深，相信未来可期。

野村控股执行董事、中国委员会主席饭山俊康先生曾多次在接受

野村东方国际证券开业典礼

媒体采访时表达对上海城市发展的信心与支持。他说道："上海象征着创新和尝试突破，大家都很欣赏这一点。"同时饭山先生表示，未来野村将继续凭借强大的全球网络和专业知识，为上海国际金融中心的建设贡献力量。

饭山先生还在2022年野村进入中国市场40周年的分享贺词中说道："中国已成为全球第二大经济体，中国资本市场已是全球第二大资本市场，多层次的资本市场体系正不断完善和持续对外开放，为外资金融机构在中国市场的更大发展提供了更多新机遇。

"野村将继续布局并深耕中国市场，与客户共同成长，为中国资本市场的持续发展贡献更大力量；野村亦将继续利用自身作为全球性金融机构的优势，将在华业务与全球市场紧密联动，践行连接东西方市场的发展愿景。"

提供独特价值，履行社会责任

丰田通商（上海）有限公司

丰田通商株式会社是日本丰田集团的核心企业之一，成立于 1948 年，作为丰田集团旗下的综合商社，经营着丰田集团的海外投资和贸易业务，其前身是 1936 年成立的丰田金融株式会社。如今，丰田通商已经发展成为在全球约 130 个国家和地区拥有约 1000 家公司、合计员工人数达 6.7 万人的跨国集团。丰田通商的经营业务范围涵盖了金属，全球零件、物流，汽车，机械、能源、成套设备，化学品、电子，食品材料、生活产业等多个领域。

来华发展四十余载

2022 年是中日邦交正常化 50 周年，也是丰田通商进入中国的第 43 年，1 万多个日日夜夜不经意间过去，在中国经济飞速发展的过程中，丰田通商在中国茁壮成长，蓬勃发展。

1978 年，中国改革开放，大量外企开始进入北京、上海、广州等大城市。1979 年 9 月 1 日，丰田通商首次进入中国大陆地区，在北京成立了位于民族饭店的丰田通商北京联络事务所。

1981 年 4 月，成立了丰田通商上海事务所，工作地点位于当时沪上外企集中的瑞金大厦，2011 年迁至位于静安寺地区的会德丰广场。

丰田通商（上海）荣获 2021 年度
浦东新区"经济突出贡献奖"

丰田通商（上海）荣获 2020 年度上海外服集团雇员工会委员会
创建职工之家优胜单位称号

随着经济的发展、商务圈的形成，丰田通商始终在商务中心区占据一席之地。几十年间，丰田通商在中国改革开放的浪潮中奋勇前进，取得了巨大的发展，丰田通商（上海）有限公司也从当初的几名员工发展到如今的二百多名员工，并且多次荣获浦东新区"经济突出贡献奖"。

1981 年，丰田通商（上海）开始与上海外服合作，迄今已有 42 个年头。多年来，丰田通商（上海）在发展的各个阶段都获得了上海外服专业、规范的服务和支持，上海外服不仅服务于公司和员工，也是公司和上海政商界的沟通桥梁。

创造独特价值，谋求和谐发展

丰田通商集团孜孜以求的目标是"谋求人类、社会和地球的和谐发展，打造为建设富足社会作出贡献的创造价值型企业"。当前全球气候变暖，生态环境问题日益突出，丰田通商集团公司从环境、社会、公司管理等方面出发，以长远的眼光不断加大相关措施的力度，从而推动实现社会的可持续发展。

丰田通商在开展可持续经营的过程中，将可持续发展相关重要课题（Materiality）作为优先关注领域。以"六项重要课题"为核心，努力解决各种社会问题，按照公司"全球愿景"中所提出的"理想形态"，"Be the Right ONE"（成为"无可替代、独一无二"的存在），并以此推动落实企业理念。

近年来，丰田通商在北京、天津、上海、成都、广州等地陆续开展了多项社会贡献活动，包括残疾人雇用、希望小学援建、福利院物资捐赠、垃圾清洁、植树造林等，并且在发生地震、疫情等灾害时向灾区和疫区人民进行物资捐赠。我们希望尽自己所能，在今后继续为

丰田通商赴上海福利院送温暖

丰田通商（中国）的植树活动

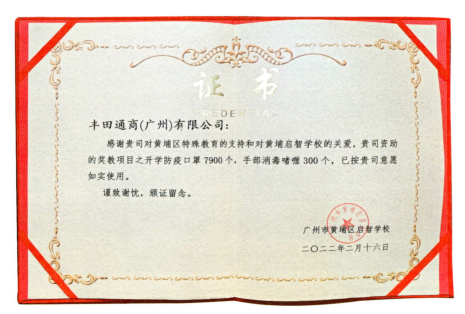

丰田通商（广州）向广州黄埔区启智学校进行物资捐赠，获颁证书

丰田通商集团的可持续发展重要课题

有需要的人送去一些温暖，为保护地球和社会发展贡献一份力量，为子孙后代营造更宜居的地球环境。

在东亚地区，受碳中和、脱碳化大趋势影响，包括丰田集团具有优势的汽车领域在内，所有产业都在迅速发生着翻天覆地的变化。丰田通商很早就已开始致力于发展可再生能源产业和循环型静脉产业，并提出了"助力向脱碳社会转型"的口号。

我们必须始终前瞻新时代的巨大变化，继续做一个能够向地区和合作伙伴提供价值的独一无二的存在，即我们的理想形态——"Be the Right ONE"。

为了实现上述目标，我们将以员工人人拥有"适当的危机感"、不断强化"个体能力"的"强大组织"的形式，通过业务履行社会贡献，在全球的业务现场，与合作伙伴企业以及当地的各位同事一道，继续挑战！

良心经营促发展，社会责任记心头

藤田（中国）建设工程有限公司

日本株式会社藤田创建于 1910 年，是日本一家拥有 110 多年历史的综合性建筑公司。自创业以来，藤田通过建筑事业为社会作出贡献，凭借多年积累的经验和技术优势，努力创造新的价值。2013 年，藤田成为日本大和房屋集团的一员，2015 年与大和小田急建设合并，在过去积累的建设工程技术基础上，再加上大和房屋集团的综合实力，加速推进以都市再生事业和海外事业为首的各种各样的业务。藤田在积极致力于促进实现脱碳社会、碳中和，解决地球环境问题的同时，通过数字化转型和环境技术的活用，使建筑、城市建设的发展充满活力，为客户提供真正所需要的价值。

回溯藤田与中国的渊源，已经有了 40 多年的历史。

20 世纪 70—80 年代：藤田在中国的业务开端

让很多人都出乎意料的是，藤田在中国开展业务最初的契机是足球交流。1979 年及 1981 年，当时隶属日本藤田的日本藤田工业足球俱乐部（现湘南 Bellmare）在北京、上海、天津、沈阳等地与地方队和中国国家队进行了友谊比赛，藤田借此了解了中国市场的情况。

20 世纪 80 年代，中国宣布设置四大经济特区和经济开发区。1984

西安长安城堡酒店（现西安君乐堡酒店）

年 12 月，藤田成立了中国项目室，开始研讨进军中国市场的事项。最初成功的项目是 1986 年的合资项目：北京亚太大厦的建设及运营。此项目总投资 4200 万美元，是集公寓、办公楼、大型超市、餐饮等于一体的 15 层建筑物，建筑面积 44000 平方米，于 1990 年竣工。

1987 年 10 月开工的在华第 2 个项目是与西安秦林农工商业开发公司合作建设的西安长安城堡酒店（现西安君乐堡酒店）。为地下一层、地上十层、客房数 160 间的五星级酒店，委托了全日空公司进行经营管理。酒店地理位置优越，从酒店能够眺望到西安市南门前的古城墙。

20 世纪 90 年代：进军上海市场——投资事业

1992 年，日本藤田与上海金桥（集团）合资成立公司，开发占地 100 公顷的工业园区。这个总投资金额为 2980 万美元的项目为上海浦东带来了京瓷、三菱电机、日本电池、三井高科技、长谷川香料等日

虹桥公寓

恒生银行大厦

徐家汇港汇广场

浦东新区政府大楼

资企业。1995 年，藤田开发事业本部着手虹桥公寓项目建设。尽管此项目在开业之初困难重重，但因为公寓的风格与在华日籍人员的需求一致，此后入住率不断攀升。

以上这一系列的投资项目，由于当时日本藤田的经营调整，于2006 年全部出售并清算完成。

20 世纪 90 年代：进军上海市场——建设事业

藤田在上海最初承建的工程是 1994 年启用的上海金桥庄臣工厂。同年，承接了上海森茂国际大厦（现恒生银行大厦）建设项目，该项目为 46 层超高层办公大楼，建筑面积 116000 平方米，并且在中国首次导入逆作法和预制板外墙等先进施工方法，在当时的上海属于跨时代的建筑工程。

1996 年，藤田承接了在当时属于亚洲超级大型购物中心建筑工程（310000 平方米）的徐家汇港汇广场建设项目。

另外，藤田还承接了浦东新区政府大楼的设计工作，外国的设计公司首次为中国政府设计大楼，成为当时的热门话题。

由于当时常驻上海的日籍人员和其家属急剧增多，藤田还有幸承担了上海日本人学校（浦西）和日本总领事馆新建工程的施工任务。之后为上海日本人学校在浦东建造了 3 期的校舍。至今日本总领事馆还不断地有增建工程，全部由藤田负责建造。

20 世纪 90 年代，藤田中国夯实了基础，当时的公司成员如今已成为藤田中国的核心力量。

21 世纪 00 年代：加盟 WTO、中国投资热潮

2001 年中国加入 WTO 后，对与承接工程相关的法律进行了修改，

于是 2003 年 10 月藤田在中国正式成立了藤田（上海）建设工程有限公司并开始运营，并于 2007 年通过增加注册资金取得了建筑工程施工总承包一级资质，公司更名为藤田（中国）建设工程有限公司。

从 2001 年中国加入 WTO 开始至 2006 年，日本急剧地扩大了对中国工厂的投资。在华南地区（广州、深圳）相继建成的日产、丰田、本田、YKK、三菱电机、东风日产等公司的工厂及相关配套的供应商厂房几乎都是藤田承建。当时藤田达到了日系建筑企业在华南的最高市场占有率。

与此同时，进驻苏州和无锡的日企也与日俱增，至今藤田已经在这两地建造了超过 50 家工厂。

21 世纪 10 年代：加盟大和集团，进入崭新的商务时代

2011 年至 2012 年，投资热潮再次兴起，藤田中国及时抓住这方面的机遇，积极向各地方城市进军，为了应对不动产投资而成立了大型项目室。藤田中国在湖南省、江西省、湖北省、河南省、安徽省及辽宁省等地首次承接工程。2012 年营业额首次突破了 20 亿元人民币。2013 年在中国地区的日系建筑承包商中，藤田中国的市场占有率接近50%。2013 年 1 月，藤田正式成为大和房地产集团的一员，共同参与事业。最初的项目是在常州的公寓住宅建设和施工管理（CM）。

21 世纪 20 年代：疫情来袭，迈向希望的成长之路

2020 年 1 月新冠肺炎疫情来袭，延续三年的疫情对全球经济投资的影响巨大，藤田中国在公司领导层的带领下，全体员工上下一心共克时艰，在这三年内拿到了常州太阳诱电、昆山牧田、嘉兴岩谷、合肥花王、广州松下万宝、惠州旭硝子、深圳麦克维尔、重庆松

藤田中国参与的常州龙洲伊都花苑项目

下、长沙住友橡胶等知名日资工厂的新建订单，2021年营业额达到18.5亿元人民币。迄今为止承接的各类项目，连续获得行业和当地政府的认可。例如2020—2021年承接的堀场中国总部生产基地建设项目，同时斩获了"2020年度嘉定区优质结构工程"、"2020年度嘉定区文明工地"、上海市建设工程金属结构"金钢奖"（市优质工程）三项荣誉。

2023年，藤田迎来在中国开展业务40周年以及中国法人设立20周年。

企业社会责任

藤田（中国）建设工程有限公司自2003年10月成立以来，在中国国内一直摸索着"企业社会责任（CSR）活动"的道路。作为环

藤田中国沙漠植树志愿活动现场

境保护活动的一环，藤田中国近年一直参与NPO（非营利组织）法人"绿色生命"组织的治理内蒙古沙漠的志愿植树活动。通过活动体会到了对环境的忧虑、对植树造林的热情，今后我们还会继续参与植树造林的活动，梦想着有一天在内蒙古沙漠上出现"藤田中国的森林"。

"为了让自然、社会、城市还有人民的心灵更加美丽，藤田将不懈地努力工作。"这句话对每一个藤田的员工来说应该都不会陌生。

是的，这是藤田公司的企业理念。公司一直以来都是从企业的社会责任"拓展业务时应考虑减轻对环境的负担"，建筑行业自身的职责"创造令人愉快、舒适的环境"，以及"通过解决环境问题的实践来建立企业的根基"这三个与环境问题相关的企业经营原则出发，在所有的企业经营活动中考虑环境问题，积极开拓业务、持续改进。

NPO 法人为表达感谢，在当地立下刻有公司名称"FUJITA"（藤田）的石碑并颁发荣誉证书

藤田和上海外服合作的今昔

光阴似箭，株式会社藤田上海代表处、藤田（中国）建设工程有限公司接受上海外服公司的服务已有 30 个年头了，可以说藤田见证了上海外服的发展和壮大。

根据当时国家的相关规定，外国企业驻沪机构的人员必须由经政府许可的代理公司聘用委派，上海外服公司就是上海市政府授权的唯一一家代理公司。1993 年盛夏的一天，藤田中国的元老级员工蔡银生成为上海外服派遣到株式会社藤田上海办事处的第一位员工。自此，藤田与上海外服的合作拉开了序幕。

上海外服的企业文化可以用一个"桥"字来概括，筑桥引路、聚才兴业是上海外服始终不变的初心。上海外服公司是一家具有活力的公司，30年来藤田的管理人员参加了很多次上海外服主办的讲座，无论是法规的宣传，还是菁英会的演讲，外服人的表现都充满了自信和神采。正因为有他们的努力、敬业和奉献，在短短的30年间，上海外服发展成了人力资源服务行业的标杆企业。

最后，衷心祝愿外服公司业务蒸蒸日上，全心全意为企业提供良好而全面的服务，取得更长足的发展。

深耕中国医药事业，助力建设健康中国

协和麒麟（中国）制药有限公司

中日一衣带水，往来源远流长。中日邦交正常化不仅开辟了两国关系新纪元，两国医药界的交流合作也开启了新篇章。作为一家总部位于日本，专注特药领域的全球化制药公司，协和麒麟不仅见证了上海的高速发展，也积极投身并参与了浦东的开发开放。

协和麒麟始终致力于改善人类的健康和生活。公司通过追求生命科学和技术的进步，应用包括抗体技术研究和抗体工程在内的尖端科技，积极研发并提供创新的医疗解决方案，为患者、医疗卫生专业人士和社会创造新的价值，满足患者和社会在包括肾脏病、肿瘤、免疫/过敏和神经学等多个治疗领域的需求。协和麒麟（中国）制药有限公司（协和麒麟中国）是协和麒麟集团全球化战略的重要组成部分。公司总部位于浦东张江高科技园区，是"上海国家生物医药科技产业基地"成立后引进的第一个生物高科技医药项目。

引领创新——满足患者的医疗需求

协和麒麟始终致力于改善中国人民的健康和生活。为了实现中国患者的用药可及，早在20世纪70至80年代，协和麒麟就分别向中国市场引进了抗肿瘤领域的抗生素药物——丝裂霉素，以及大环内酯类抗菌药物——乙酰螺旋霉素。

迄今为止，协和麒麟已在中国上市了近十种高质量的创新药物，覆盖肾脏病、肿瘤、罕见病和皮肤病等主要疾病领域，造福广大患者。其中治疗中性粒细胞减少症的重组人粒细胞刺激因子注射液、治疗继发性甲状旁腺功能亢进症的盐酸西那卡塞片是协和麒麟一系列优质产品组合的代表。运用包括抗体技术研究和抗体工程在内的尖端科技，2021 年协和麒麟成功向中国市场推出了两种创新生物制剂，即治疗血透患者肾性贫血的长效促红素制剂达依泊汀 α 注射液，以及用于治疗 X 连锁低磷血症（XLH）和肿瘤性骨软化症（TIO）的靶向药物布罗索尤单抗。

深耕中国三十年，积极投入张江的建设发展

为了更好地服务中国本土患者和医疗卫生专业人士，1993 年，麒麟医药（协和麒麟的前身）在中国正式设立了代表处。1997 年，协和

协和麒麟（中国）制药上海总部

麒麟位于上海张江的中国区总部正式投入运营，这是除集团总部之外，协和麒麟全球唯一一个集药品开发、生产、仓储和物流及销售于一体的地区总部。公司也成为第一家投资入驻张江的生物医药公司。深耕张江这片热土近三十年，协和麒麟始终积极响应浦东开发开放的号角，积极助力张江的建设。

2001年，协和麒麟第一批在张江本土化生产的惠尔血和利血宝投入中国市场。2019年公司被上海市商委认定为跨国公司地区总部，连续多年荣登浦东新区经济突出贡献榜。同时，凭借稳健的运营与管理，协和麒麟连续多年蝉联浦东地区纳税百强企业。

积极践行企业社会责任，助力建设"健康中国 2030"

响应"健康中国 2030"的目标，协和麒麟积极投入慈善项目，支持医学教育，提升患者疾病诊治率，提升医生教育水平，特别是农村和偏远地区的基层医疗水平。

2008年汶川地震发生后，协和麒麟慈善捐赠重组人促红素注射液（CHO细胞），用于外伤失血过多伤者的治疗。

2012年，为了应对药品生产方公司生产基地变更而导致的药品短缺问题，公司紧急组织货源，无偿向中国患者捐助两万支白消安注射液，用于慢性髓性白血病同种异体的造血祖细胞移植前的预处理，满足患者用药急需，积极践行患者为先的承诺。

2020年，公益支持北京康盟基金会设立的寻找退缩人患者救助项目。该项目针对一部分贫困及因病致贫的慢性肾脏病严重继发甲旁亢患者，开展规范化诊断和治疗。同年，协和麒麟向广东钟南山医学基金会捐赠善款，用于抗击武汉新冠肺炎疫情。

2022年，为帮助成人和1岁及以上儿童X连锁低磷血症（XLH）

患者以及成人无法根治性切除或定位的磷酸盐尿性间充质肿瘤相关的肿瘤性骨软化症（TIO）中的 FGF23 相关性低磷血症患者得到及时有效的治疗，减轻患者经济负担，提高患者生活质量，协和麒麟公益支持北京康盟慈善基金会于 2022 年 7 月启动"麟动新生——低磷性佝偻病患者救助项目"。

协和麒麟始终致力于促进中日两国在生物医药领域的专家学术交流，并在造血干细胞移植等核心疾病领域，积极开展基层医生教育，助力提升地方诊疗水平和学科建设。

创新最佳人力资源实践，争创杰出雇主品牌

理想人才是引领企业前进的核心要素，协和麒麟进入中国 30 年，企业始终致力于不断投入并创新人力资源最佳实践。多年来，公司始终将人才发展作为企业发展的重要支柱，积极赋能员工助其实现价值主张和自我发展，并培养他们在工作中发挥最佳水平。

近几年，协和麒麟中国通过参与协和麒麟集团举办的全球参与动机调研（Global Engagement Motivation Survey），提升员工的敬业度和企业赋能员工的能力。在问卷 15 个维度的调研项目中，协和麒麟中国有 12 个维度在亚太范围乃至整个集团内都处于领先位置，也领先中国医药行业的基准水平。

对于其他 3 个维度的调研项目，协和麒麟中国也采取针对性的改进措施，使得这些项目的分值逐年稳步提高。例如协和麒麟中国连续 6 年进行薪酬改革，公司平均薪酬水平已经达到行业 50 分位（P50），今后协和麒麟中国将继续深化改革，力争到 2030 年薪酬水平达到行业 75 分位（P75）。

我们相信每位员工各具才能。为了能够有针对性地为每一个员工

协和麒麟荣誉墙

制定差异化的发展方案，我们的各级经理会从长期绩效以及潜力两方面来进行人才盘点，找出人才发展的重点，结合团队成员的职业发展计划，通过日常与员工不断沟通跟进，掌握发展动态，加速人才发展。在人才发展的过程中，协和麒麟中国尤为重视领导力的培养，并制定了全球及具有中国本土特色的"领导力发展项目"，从而实现人才的持续发展。

2022 年，凭借在人力资源政策和实践层面的扎实表现，协和麒麟中国荣膺"中国杰出雇主"认证。未来，我们也将以"中国杰出雇主"品牌为抓手，进一步完善员工价值主张的建设，与更多业内优秀的人才携手同行。

协和麒麟中国在成长过程中，也借助上海外服公司全方位的人力资源服务业务，在完善最佳人才资源实践方面得到很大的帮助。

协和麒麟海南万宁年会全员合影

今天，协和麒麟中国积极支持并拥抱"健康中国2030"宏伟蓝图下的新时代，致力于为实现"健康中国"的长期目标作出贡献。2022年正值中日邦交正常化50周年，协和麒麟将持续加大对中国市场的投入，一如既往地促进中日两国医药界的交流，加速推进引入创新药，进一步满足公众健康需求，增进公众健康福祉，助力促进中国医药产业的高质量发展，加速实现"为人们带去笑容"的企业愿景。

建传世作品，为社会贡献

竹中（中国）建设工程有限公司

竹中工务店是全球最具声誉的设计施工一体化企业之一。创业于日本江户时代初期，由创始人初代竹中藤兵卫正高于 1610 年在名古屋成立。最初的业务以修建神社、佛堂为主，1873 年起开始建造西洋风格的建筑。1899 年将业务扩展到了关西地区的神户，并在此迎来了飞跃性的发展，因此这一年也被称作竹中的创立之年。现在竹中工务店的总公司设在大阪。

业务扩展至关西地区以后，竹中工务店交出了一个又一个具有自己特色的作品，无论是日本的传统式建筑，还是超现代的前卫建筑物，竹中承建的众多建筑——五重塔、东京电视塔、近代美术馆、圆顶球场、关西国际机场，以及目前日本关西地区的最高建筑——大阪市内高 300 米的阿倍野 Harukas，都成为现代日本都市的新地标。竹中工务店也逐渐成为日本五大超级综合性建筑公司之一。

项目合作开启中国市场

1981 年，以承包北京中日友好医院建设项目为契机，竹中工务店开启了正式进入中国市场的历程，先后参与了多个在华的工程项目。1984 年 7 月 2 日下午，乳白色的中日友好医院建筑群中，飘扬着缤纷

北京中日友好医院

的彩旗。500 名中日各界代表来到该院临床医学研究所礼堂，隆重庆祝中日友好医院胜利竣工。主席台后面，悬挂着中日两国国旗，台前摆放着鲜花。在竣工典礼上，日本政府代表、日本驻中国大使鹿取泰卫向中日友好医院赠送了一枚象征打开中日医学交流大门的金钥匙，承担医院施工总承包的日本竹中工务店向医院递交了竣工书，会场中响起一片热烈的掌声。这是竹中在中国迈出的第一步。

1985 年，长城竹中建设工程有限公司宣布成立。它是由国际上著名的两家实力派建筑总承包公司——日本竹中工务店和北京建工集团合资设立的。18 年间，中日双方密切合作、发挥各自的优势，先后建成了中日友好医院、二十一世纪大厦、中日友好环保中心、北京怡生园国际会议中心、日本 SMC 工厂、四通松下及三菱四通工厂等大型工业与民用建筑。

2003 年 7 月，伴随着中国加入 WTO，竹中工务店在上海成立了

竹中（中国）承建的丰田纺织纪念馆

100% 独资的当地法人——竹中（中国）建设工程有限公司。同年 9 月，成为首家取得建筑工程施工总承包二级资质的外资独资企业，以当地法人的形式继续扩大在中国的承包和生产活动。目前，已经形成了华东（长江三角洲）、华南（珠江三角洲）、华北（环渤海地区）三大业务核心区域，开展经营活动。投资金额也从最初的 5000 万元增加到了 9000 万元。通过 20 年的努力，竹中（中国）已经在全国各地承包了近 400 个新建项目，为推动中国经济的发展作出了应有的贡献。

传世作品：上海世博会日本国家馆

竹中（中国）最为著名的项目是 2010 年上海世博会日本国家馆。日本国家馆"紫蚕岛"是上海世博会各国家馆之中面积最大的展馆之一，同时也是日本参展世博会史上规模史无前例的展馆。这个庞然大物高约 24 米，占地面积约 6000 平方米。展馆外部呈银白色，被含太

上海世博会日本国家馆设计效果图

夜幕下的上海世博会日本国家馆

阳能发电装置的超轻"膜结构"包裹，形成一个半圆形的大穹顶，宛如一座太空堡垒。这是一座"会呼吸的展馆"，与自然共呼吸，似乎延续和继承了爱知世博会的主题理念，并融入上海世博会主题。展馆设计上采用了环境控制技术，使得光、水、空气等自然资源被最大限度利用。展馆外部高透光性的双层外膜和内部的太阳电池互相配合。在结构方面，由于日本馆采用了屋顶、外墙等结成一体的半圆形轻型结构，施工时对周边环境影响较小。由竹中（中国）承建的日本馆建筑也因此获得全国绿色建筑创新奖、绿色建筑设计标识证书最高等级三星级等国家级荣誉。

竹中（中国）的特色

竹中（中国）始终坚持从设计阶段到施工的"一条龙"体制。通过公司在中国积累的丰富设计施工经验，为客户提供项目的整体支援。凭借公司优秀的设计力量，依照中国规范，把客户的想法变成事实，实现兼具高品质和功能化的优秀设施的创造。领先于设计、施工阶段，竹中（中国）从选定土地等初期企划阶段开始，提供全面的事业推动方面的支援。项目的设计、施工负责人与经验丰富的公司内部专业部门同心协力，为客户落实高品质的设施建设。竣工后的售后维修（设施的维护管理）方面，竹中（中国）作为客户永远的伙伴，与客户共同进行维护。

早在 2007 年，竹中（中国）就主动联系上级主管部门成立了员工工会。工会在维护员工合法权益、协调劳资关系中起到了桥梁作用，同时积极参与各项活动，如在汶川大地震发生后组织员工积极募捐，新冠肺炎疫情发生以来也积极筹措抗疫物资，组织和号召全体员工积极遵守各地的各项防疫措施。

竹中工务店在 1994 年开设上海代表处时，就与上海外服建立了合作关系。在外服的高质量服务与支持下，竹中（中国）从几个人的办事处到目前已经发展到了近 200 人的规模。竹中（中国）的运营管理离不开上海外服作为人力资源供应商的服务支持与稳定交付。

如竹中统一名誉会长的寄语，竹中工务店自 1899 年创立以来，始终贯彻栋梁精神和品质经营，赢得了广大客户的信赖。在迄今 124 年的经营过程中，竹中经历了许多环境的变化，其影响的范围在扩大、速度在加快。但是，"建传世作品，为社会贡献"的经营理念，"履正重信，勤勉尽责，钻研求进，和睦共荣"的社训，将一直是公司的原点和今后坚守的理念。

为了建设可持续发展社会，为了不辜负社会和客户的期待，竹中将毫不松懈地继续前进。

热情、热忱、执著，智慧型奋斗

尼得科（上海）国际贸易有限公司

"要成为世界优秀企业！"——1973年，永守重信会长与三位学弟以此为目标在日本京都一间小仓库创建了 Nidec（尼得科）公司。就这样，只有四个人组成的尼得科诞生了。当时的业务以会长学生时代一直在研究的无刷直流电机为主。

经过50年的迅猛发展，尼得科现在已经成为注册资金877亿日元，集团销售额近2万亿日元，产品覆盖自精密小型马达至超大型电机领域的所有马达电机及其周边设备，并且在通讯设备、办公自动化设备产品以及家电产品、汽车、商业、工业设备、环境能源等各大领域均取得了令人瞩目的成绩的全球性企业。

布局长三角，深耕中国市场

20世纪90年代，尼得科就进入中国，开始深耕中国市场。先后于1992年2月、10月成立大连、台湾2家当地法人，正式进军中国电机市场。进入21世纪后，尼得科加快了在中国前进的步伐，于2002年4月和6月分别成立了尼得科（浙江）有限公司和尼得科（东莞）有限公司，并在2003年4月正式进驻中国经济的中心城市——上海，成立了尼得科（上海）国际贸易有限公司。

尼得科总部大楼

上海作为长三角的中心，是长三角一体化发展的"龙头"。尼得科在长三角地区进行了大量投资布局，更是在毗邻上海的浙江平湖投资兴建了尼得科平湖产业园。2021年，尼得科平湖产业园总产值达到155亿元，占整个平湖经济技术开发区的三成，占平湖全市的十分之一，带来就业岗位2万多个，已经成为平湖的一大高端制造业中心。尼得科这个名字在平湖早已家喻户晓。

不仅仅在平湖，在长三角地区，尼得科还在苏州、常州、芜湖等地建立了研发中心及工厂，充分发挥了长三角一体化的优势，以上海—长三角为中心，将业务辐射延伸到全国。尼得科集团上海各公司也伴随着上海的发展而迅猛扩张。

现在，尼得科（上海）国际贸易有限公司位于上海长宁区虹桥南丰城，是尼得科中国集团相关集团公司集约化办公室。尼得科中国集团旗下14家子公司的上海分公司均坐落于此，并通过横向协作，于2018年正式成立了包括集团内各销售公司的"中国销售统括公司"。以

尼得科苏州研发中心

ONE NIDEC（一个尼得科）的理念，努力在中国市场团结一致奋勇前行。截至 2020 年，尼得科集团在中国地区有销售公司 54 家、工厂 36 处，并且为了提升反应能力和反应速度，还在中国设立了 13 处开发据点，更拥有了约 4.5 万名员工。为了进一步扩大中国市场，中国销售统括公司设立了业务单元（BU）制度，从集团公司个别营业向集团一体化营业转化。在林宏树董事长、日置吉光总经理的领导下，中国本土出身的干部们运营着车载、信息通信技术（ICT）、家电、产业机器人、集团公司业务五大业务部门，集结集团内各销售公司之力，进一步在中国地区开展销售扩大活动。

热情、热忱、执著，迎难而上，推陈出新

面对日新月异、快速变化的中国市场，尼得科集团提出了五大全新技术浪潮："无碳化技术浪潮""机器人技术浪潮""省电化技术浪潮""物流技术浪潮""数字数据的爆发浪潮"。围绕这五大技术浪潮和市场变革，不断推陈出新，并且提出了"中国成本""中国速度""中国做法"三大销售关键词，以积极迎合客户需求，为提升客户价值作出贡献。

然而万事万物并不会一帆风顺，自新冠肺炎疫情开始以来，尼得

尼得科产品——直流电机

尼得科产品——伺服电机

科也遭遇过危机。2020年年初开始的疫情，对整个电子产品行业都造成了巨大的打击，尼得科集团也不例外。物流不通，无法和客户面对面商讨方案，面临着种种困难。但是在中国强有力的疫情管控下，虽然疫情开始之初遭受了一定的挫折，但尼得科集团还是借助国内安稳的疫情情况，通过网络会议、电话销售，使销售额快速复苏。在全集团公司的共同努力下，2020年，中国销售统括公司的销售额突破4300亿日元，在严峻的经济大环境下仍保持着高速增长。

2022年春天，上海面临自疫情开始以来最严峻的情况。上海的员工一度遇到了缺菜、缺生活用品的困难。面对这样的困难，尼得科集团管理部门的员工排除万难，寻找供应商，打通物流渠道，穿行于上海的大街小巷，为全社员工送菜、送用品，以解员工的燃眉之急，让大家能够更安心地居家办公。尼得科集团员工更是积极参与小区志愿者活动，发扬尼得科热情热忱精神，为上海防疫工作作出自己的贡献。在疫情形势缓解，上海政府提出复工复产口号之后，尼得科集团也积极响应政府号召，在6月初率先实现复工复产，为上海全面复工复产作出了应有的贡献。

接下去的日子里，尼得科也将会遵循永守会长"热情、热忱、执著""智慧型奋斗""立刻就干！一定要干！干到成功！"的尼得科三大精神，将成为可持续稳健发展的百年跨国企业作为企业愿景，致力于顾客至上，提供让顾客满意的产品和服务；坚持品质第一，竭力打造适用于全球的产品。

作为一家在全球颇具实力的综合马达制造商，尼得科集团将齐心协力、不负众望，为中国进一步发展贡献力量，并为全球客户提供不可或缺的产品解决方案，继续为打造一家综合机电产品制造商而努力。

　　尼得科集团也将紧随上海经济发展的脚步，将影响力进一步从长三角、珠三角、京津冀辐射向中国各地区，发挥企业特点，为上海经济文化的高速发展提供支持、作出贡献。

用技术与解决方案实现我们的梦想

石川岛（上海）管理有限公司

石川岛（IHI）是一家全球化综合重工业集团，业务涉及资源和能源、社会基础设施、工业机械和航空航天四大领域。

1853 年，日本的第一家现代化造船厂——石川岛造船厂成立，从此开启了 IHI 的百年企业历程。一百七十年来，它将造船业的技术积累应用于工业机械、设备制造以及工程建设等领域，现如今，已成为工业和社会基础设施领域各种设备的重要供应商。

IHI 集团秉承"用技术为社会发展作贡献"的经营理念，凭借工匠精神，打造先进的工程技术，为全球范围内不断增长的能源需求、城市化工业化进程及运输系统效率的课题，提供着各种解决方案。

构建全球业务，立足中国市场

IHI 的海外发展可以分为四大阶段，分别是海外事业准备阶段、基础设施出口阶段、海外事业推进阶段、本地化推进阶段，并以中国、东南亚、美洲为重点地区开展全球业务。1986 年，IHI 在北京设立了北京代表处，之后，1996 年，在上海设立了上海代表处。为了更好地推进中国区的业务，2011 年，IHI 上海代表处正式变更为当地法人，成立了石川岛（上海）管理有限公司，并分别在北京、大连设立了分公司。

变更为当地法人的石川岛（上海）管理有限公司，作为石川岛集团中国区的地区总部，其职能更为全面和多元化。主要包括：为集团制定中国区经营战略提供信息支持，为集团在中国国内的业务开展提供财务、内部审计、人才培养等管理支持，在集团总部与中国域内集团公司间发挥桥梁作用。

目前 IHI 在中国地区共有十几家集团公司，分布在长春、青岛、无锡、苏州、盐城、广州、香港，所涉及的业务主要有能源、工业等领域的多个板块。

从 1996 年 IHI 上海代表处成立至今，IHI 在上海的发展已有二十多个年头，亲历和见证着中国的发展、上海的发展。作为横跨多领域的日本大型综合重工业集团，IHI 凭借其丰富的国内外大型项目经验和在大型社会基础产业领域项目上的综合建设能力，正在努力成为一名城市的建设者，为社会发展添砖加瓦。

中日邦交正常化后，IHI 集团也积极参与中国国内大型项目。1974 年，IHI 与新日铁集团合作为武汉钢铁厂（武钢集团）提供 1700 毫米热轧设备。之后，向宝钢、鞍钢等提供了炼钢设备。1997 年，为北仑发电厂提供 3 台 600 兆瓦发电机组用锅炉。2006 年，为上海（洋山港）LNG 项目提供 3 台 16 万立方米储罐。同年，为黄浦江隧道（8 号线）项目提供直径 14.8 米盾构设备。之后，又向中国国内其他隧道项目提供多台盾构设备。2011 年，为海南 LNG 项目提供了 3 台 16 万立方米储罐。2019 年起，开始参与上海 LNG 的冷能发电项目，提供冷能发电设备。

解决社会问题，兼顾企业社会价值

IHI 集团自创立以来，一直以解决各个时代的社会问题为己任。通

2021 年石川岛—清华大学奖学金活动

2021 年石川岛—上海交通大学奖学金颁奖典礼

过解决社会问题实现社会可持续发展，兼顾社会价值与企业价值。2021
年 11 月，集团发布了 ESG（环境、社会、治理）经营方针，将 ESG
价值观作为业务活动的核心，在解决社会问题过程中不断寻找新的业
务机会，向更强韧的业务结构转型，以实现可持续发展。我们常年致
力于工业水处理和净化空气的业务，运用成熟的微气泡、臭氧等先进
技术，开发出了臭氧微气泡水处理设备，以及臭氧空气净化器 eZ-100。
未来在中国也会大力推广。

在应对气候问题方面，IHI 设定了"到 2050 年，在整个价值链中
实现碳中和"的目标，并为实现碳中和、减少 CO_2 排放量，从生产源
头的采购到生产环节都致力于减排，并研发运用新的技术，实现碳循
环利用。在减少温室气体排放方面，IHI 正在针对燃烧时不会产生二氧
化碳的氨气，开发将其用作燃料的技术，并构建从制造到使用的价值
链，为中国实现碳中和作贡献。

IHI 始终重视人才发展，IHI 的两大经营理念之一就是"人才是我
们最大且唯一的财产"。为了促进企业与高校之间的交流，资助优秀学
生的课题研究，IHI 自 1999 年起分别与清华大学、上海交通大学设立
了"石川岛产学合作奖学金"项目。截至 2022 年已累积资助了五百名
以上优秀学生，并完成在发电、环境、智慧交通等方面的研究。

对于未来的发展，石川岛（上海）管理有限公司董事长大富昌则
先生说，"当前我们正处在极具挑战的变革时期，是挑战也是机遇。而
拥有全球五分之一人口、经济体量处于第二位的中国市场具有非常深
厚的潜力。2022 年是中日邦交正常化 50 周年，作为百年制造企业，我
们将重新思考企业的存在价值，为在中国的发展，继续脚踏实地地走
好每一步"。

石川岛（上海）管理有限公司与上海外服的合作开始于 1996 年，

当时还是其前身 IHI 上海代表处。光阴如梭，至今双方合作已经 27 年。多年来，石川岛与上海外服一直保持着紧密、愉快的合作关系，也积累了非常深厚的感情。作为综合人力服务供应商和人力资源方面的"智囊团"，外服团队以其专业和精准的服务为企业及时提供人力资源政策信息、劳务协助和培训等，为企业人才的"招""育""留"提供了不可或缺的力量。

我们始终坚信，凭借我们的睿智和凝聚力，必能取得丰硕的成果，在中国的事业也能蒸蒸日上，越来越好！

为社会传递贡献价值

日本邮船（中国）有限公司

　　1875 年，三菱汽船开设至上海的航线。1885 年，三菱与"共同运输"合并，成立日本邮船会社。同年 10 月在上海设立营业所。1896 年日本邮船开设欧洲航线，此后还有北美与澳洲航线等，成为日本最大的世界性航运公司。在 1919 年的留法勤工俭学运动中，很多中国学生是乘日本邮船的轮船到法国的。

　　日本邮船株式会社总部位于日本东京，是在日本东京证券交易所上市的国际航运物流板块的代表企业，截至 2023 年 3 月 31 日，旗下拥有和运营的各类大型船舶 811 艘，目前在华投资有日本邮船（中国）有限公司、日邮物流（中国）有限公司等包含邮船、物流、多式联运、码头等在内的十多家企业。

　　日本邮船（中国）有限公司是世界领先的国际航运企业日本邮船株式会社（以下简称日邮集团）1995 年在上海投资成立的外商独资企业。公司主要从事国际海运及综合物流，从 1995 年每周自中国出口 2 个航班、单船集装箱运力不到 1000 个标准箱，到今天海洋网联船务（中国）有限公司（日邮集团于 2018 年作为创始股东之一参与创立的经营集装箱国际海运的合资公司）每周从中国出口超过 50 个航班、最大单船运力超过 20000 个标准箱，日邮集团 20 多年来持续为中国外贸进出口的腾飞提供优质的海运和物流保障，是中国改革开放的见证者和亲历者。

拓宽投资与合作，海运与船只订造并举

公司作为日邮集团在华的地区管理总部，积极推动日邮集团持续在华投资，先后成立了日邮物流（中国）有限公司、日邮振华物流（天津）有限公司等外商独资企业和中外合资企业。公司在 20 世纪 90 年代末就极具前瞻性地为上港集团引进了日本专业的汽车码头设计人才和运营经验，亲身参与了中国第一座汽车专业码头上海海通国际汽车码头的设计、建设和运营，成为上海海通汽车码头的基石投资者，并先后参与了天津港、大连港和广州港汽车码头的投资建设。这些专业优质的汽车码头如今已经成为中国汽车出口的助推器和具有国际竞争力的物流基础设施。而与上海外服的合作也始于 1994 年的春天，一切都欣欣向荣。

2018 年起公司升级为东亚地区管理总部，全面负责协调中国和韩国的各集团内公司的财务、投资、法务、内控合规等管理事务，并统筹管理日邮集团在中国的新船订造项目。公司积极向集团总部推介不断提升的中国造船技术以及中国船厂稳定可靠的造船质量和履约能力，在公司的大力推动下，日邮集团正在将越来越多的新船订单从韩国、日本转移到中国。近三年，日邮集团先后在上海江南造船厂、上海外高桥造船厂、沪东中华造船厂、招商局金陵造船厂、中远川崎南通造船厂等中国造船企业下单订造了近 20 艘大型油轮、汽车运输船和干散货运输船。2022 年 4 月，日邮集团和沪东中华造船厂签订了 6 艘 174000 立方米 LNG 运输船的建造合同，合同价值人民币 84 亿元，是

2021 年 11 月招商局金陵造船厂交付的大型船吊散货船

2021 年 11 月中远川崎交付的超大型油轮

中国造船厂收到的最大的单一液化天然气运输船订单。

发挥优势，传递贡献价值

"为社会传递贡献价值"是日邮集团的企业理念，也是日邮集团服务中国、投资中国、支持社区、为未来培养人才的生动写照。早在2001 年和 2004 年，日邮集团就在陕西和洛阳设立了两所希望中学——日邮王坪中学和寻村日邮一中，定期访问学校并捐赠学生宿舍用高低床、课桌、餐桌、学习和体育用品，目前两所学校合计拥有千名学生。在上海海运学院（现上海海事大学）设立了航海定向班，招收偏远贫困地区的学生，优秀毕业学生被集团录用后活跃在远洋国际航线上。2001 年起在上海海事大学和大连海事大学设立的年度日邮奖学金 22 年来持续表彰鼓励了 1447 名优秀的学生。

2020 年 1 月新冠肺炎疫情暴发，日邮集团立即决定向中国驻日本大使馆捐助现金，用于援助中国抗击新冠病毒的战役，同时利用其强大的全球海陆空物流网络，将抗疫物资源源不断地运往中国，持续支持防疫和医疗物资在国内的运输。疫情中后期，日邮集团提出"确保畅通的物流生命线"的企业社会责任倡议，高效迅捷地将中国生产的抗疫和民生物资通过日邮集团全球物流网络运往世界各地。

外服情缘

鉴于日邮集团在中国的杰出贡献，经上海外服推荐，2007 年，上海市人民政府向时任日邮集团中国总代表服部浩先生颁发了"白玉兰纪念奖"，日邮集团视此奖项为极大的荣耀和中国政府对在华优秀日资企业的肯定。

日邮集团在中国的整个发展过程中取得的成绩离不开上海外服专

2019 年，上海海事大学日邮奖学金颁奖仪式上，
日邮集团中国总代表高泉宏康为获奖学生颁奖

2019 年，日邮集团中国总代表高泉宏康和获日邮奖学金的大连海事大学学生合影

2007 年 9 月，上海市外办主任与日邮集团中国总代表服部浩合影

业的人力资源服务，双方有着"扶上马、送一程""互相扶持、并肩同行"的依依深情。日邮集团定将再接再厉，为新时代中国和中日友好作出更新更大的贡献，并祝愿我们的老朋友——上海外服的未来蒸蒸日上！

匠心智造

希森美康医用电子（上海）有限公司

希森美康株式会社（Sysmex Corporation）是一家跨国企业，创建于 1968 年，原名为日本东亚医用电子株式会社。主要致力于体外诊断领域，是全球知名的临床检验综合方案提供商。公司总部设在日本的神户市，现在亚洲、欧洲、美洲设有 70 余个分支机构，产品遍布全球 190 多个国家。

作为一家医疗保健产业公司，希森美康集 50 余年专业发展之经验，以领先的科技、创意的设计和卓越的品质成为行业先导，尤其在血液分析、凝血分析、尿沉渣分析领域更处于世界领先地位，成为全球著名的体外诊断产品制造商。面向未来，希森美康战略性地重点投入疾病预防、健康保护和优化检验流程方面的开发和研制，并将业务范围扩大至生化、免疫以及床边诊断等领域，以巩固和推进全球十大诊断产品公司的地位。

2000 年 1 月，希森美康医用电子（上海）有限公司成立。目前在中国设有北京分公司，并在多个省市建立联络点，销售支持和客户服务网点已遍布全国，这标志着希森美康中国市场营销服务体系的建立和完善。"帮客户就是帮自己"是希森美康人秉承的服务理念，贴近市场、贴近用户，进一步拓展业务，更好地为中国用户服务。

希森美康的匠心精神

匠心精神的内涵，就是认真精神，敬业精神。其核心理念就是树立起对职业敬畏、对工作执著、对产品负责的态度，极度注重细节，不断追求完美和极致。匠心智造与创新研发是希森美康从成立初始就贯彻至今的核心理念，将一丝不苟、精益求精的匠心精神融入每一个环节，做出打动人心的一流产品。本着让客户安心的企业文化，希森美康于 1995 年和 2003 年分别在中国济南市及无锡市建立工厂，是最早在国内设厂的体外诊断产品（IVD）进口品牌之一。

希森美康血液流水线智慧轨道发布仪式

　　无论是最早设立的济南工厂还是后续的无锡工厂，都秉持着与日本总部一脉相承的匠心精神，承担着中国地区希森美康诊断试剂产品的生产工作，以极度严谨的生产规范和严格的质量检验标准，全面保障产品的质量和中国市场的稳定供给。希森美康创造富于独创性的新价值，以不懈的追求赢得民众的安心。相信有了这样追求完美的精神，在产品上也会日益精湛。

　　如今希森美康更是成为最早开始本土化仪器生产的进口品牌之一。所谓本土化即将希森美康日本总部的产品技术同质同品引进后，在中国进行同款同质同品生产。从 2014 年至今，为了提升对中国市场多元化需求的响应能力，希森美康已注册上市多款中国本土化生产的全自动仪器及配套试剂。与希森美康日本总部产品同技术标准，与总部试剂生产同质量体系。实现进口品质、本土制造、质量稳定、民众安心。同时，覆盖更多产品线的本土化生产项目也都在不断推进落地，为用户带来更多惊喜。

　　随着疾病致病机理越来越明确，对个性化诊疗的要求越来越高，希森美康也积极地推动新型诊断标志物的发现和临床应用，以期实现更精准和更早期的诊断。未来也会有更多创新型的产品投入市场，为临床疾病诊断作出贡献，造福患者。

助力中国检验事业发展

　　本土化生产，仅仅是希森美康助力中国检验事业发展的一个组成部分。希森美康从落地之初就在努力为中国的检验事业、为中国民众的健康尽自己的一份力，让希森美康成为中国的希森美康。

　　2000 年，希森美康助力推动《出血时间、凝血时间检验方法操作规程的通知》的出台，助力出凝血检测规范化操作。

　　2008 年，希森美康同国内几所大医院合作建立中国第一套血液复检规则，并在同年参与起草了血球质控和校准以及干式化学分析仪的行业标准，之后十几年更是参与了 14 项体外诊断的行业标准制订。

　　2011 年，希森美康同国内医院合作建立第一套尿液复检规则。

　　2012 年，北京市医疗器械检验所与希森美康医用电子（上海）有限公司签订咨询合同，开展实验实操教学和质量体系文件咨询。通过双方的共同努力，北京市医疗器械检验所于 2013 年通过了 ISO17025 和 ISO15195 的现场评审，成为受中国合格评定国家认可委员会（CNAS）认可的全国首家血细胞参考测量实验室，这是 CNAS 对血细胞分析领域进行的国家层次的认可评审。

　　2018 年，希森美康同中华医学会检验医学分会临检学组共同建立中国首套血液分析自动审核规则。

　　2020 年，希森美康同中华医学会检验医学分会临检学组共同建立中国首套尿液分析自动审核规则。

希森美康 ISO15195 以及 ISO17025 校准机构认可取得咨询合同签约仪式

以专业回馈社会

"凭借满腔热情和灵活应变的策略，发挥自身的优势和最佳的团队协作精神"是希森美康的企业理念。"对社会，始终以高度的伦理观为指导推进事业活动，使社会民众安心"是希森美康的行动准则之一。在各种灾难和社会问题面前，希森美康更是挺身而出，用自身的专业回馈社会。

2008 年汶川大地震发生后，希森美康带动全体员工踊跃捐款，用员工捐款的款项去慰问失独家庭或者灾区家庭、购买粮油和给灾区五保户发现金。同时公司总部还与和四川迈克联合捐赠了 70 台 XS 系列血液分析仪，用于地震受伤人员的诊断救治。

2020 年年初，新冠肺炎疫情暴发，武汉市雷神山医院需要急速扩建检验科。希森美康在得到消息后第一时间安排了人力、物力等资源前往援建。连夜调动 20 余名高级技术工程师及 3 条流水线、6 套设备、9 种类型仪器、16 台主机赶赴现场。在现场，到处是泥泞的道路，没有多余的运输工具，只有原始的人力搬运。这一次的任务艰巨，情况极其特殊，只为大局，只为民众。平常需要 2 周以上安装时间的工程，希森美康的工程师们废寝忘食，只用了 17 个小时就完成了从安装到调试使用的工作，可称为"神速"。是的，你没看错，17 个小时，可爱的他们，不眠不休、不吃不喝熬过了最艰难的 17 个小时，奋力拼搏直到圆满完成任务。希森美康的全自动血液体液分析流水线可以每小时检测 300 份血液体液样本，全自动尿液分析流水线可以每小时检测 210 份尿液样本。

希森美康捐赠的检验仪器物资到达雷神山医院

希森美康的技术工程师们在雷神山医院安装调试检验仪器设备

希森美康与外服

从 1996 年 11 月在上海设立代表处起，希森美康就与上海外服建立了早期的派遣合作业务关系。双方合作至今已跨越 27 个年头，上海外服始终为希森美康提供多元化、一站式的人力资源服务解决方案，业务合作已遍布全国 70 多个城市。上海外服的"外服中国"战略契合了希森美康的业务发展，而外服为企业构筑的合作平台也越来越宽广。2020 年，希森美康在上海外服主办的国际人力资源技术大会上荣获了"最佳人力资源解决方案奖"。历届上海半程马拉松上海外服企业精英赛上也活跃着希森美康跑步健将们的身影，他们用实际行动传递"协力以赴、向上向强"的合作精神。愿上海外服秉承"筑桥引路"的使命，继续为企业提供有温度、有深度的服务。

匠心制造——保障实验室检测的精准与可靠。

本土创新——保障对客户需求的高效响应。

产品是否有价值不仅体现在产品本身，还有比产品更重要的内容，

希森美康荣获 2020 国际人力资源技术大会"最佳人力资源解决方案奖"

希森美康梦之队的旗帜飘扬在
上海外服企业精英赛的跑道上

那就是产品的附加值。希森美康完备及时的服务支持体系，7×24小时风雨无惧，更为产品的终端使用保驾护航。世界上没有完美无缺的产品，在未来世界，希森美康的产品功能会更齐全，产品性能质量会更精密，售后服务会进一步保证产品的作用得以正常发挥。我们给自己提出了一个口号："帮客户就是帮自己！"

希森美康一直坚持的共同价值观是五个安心：让客户、员工、伙伴、股东、社会安心。我们用心把控每一个细节，就只为守护每一份安心。

在上海，在中国，在全世界创造温暖的未来

长濑（中国）有限公司

长濑（中国）有限公司（以下简称"长濑中国"）是日本历史悠久的化学品专门商社——长濑产业株式会社的中国地区总部。长濑产业始于1832年，到2032年就要有200年的历史了。

长濑产业从最初在京都的一家衣物染料批发店，到后来以总代理商的商业模式为支柱，成长为化学品专门商社，并通过不断强化制造、加工、研发机能创造高附加价值的业务，进一步发展商业模式，陆续取得了汽巴嘉基（Ciba-Geigy）、伊士曼（Eastman）以及通用电气（GE）等欧美公司的经销权，以化学品和树脂为中心，在日本和亚洲不断努力扩大业务。如今，长濑的全球网络已扩展至大约20个国家的100多家公司，全球员工近7000名，销售额约8000亿日元，其中日本以外市场的销售额占比已超50%，业务从传统商社跨越至技术研发、制造等多个领域。

经营理念始终如一

在近200年的经营活动中，长濑始终如一地践行如下经营理念："强化作为社会一员的自律意识，通过诚实正道的经营活动，提供社会所需的商品和服务，在公司发展的同时，提高员工福利并为社会作出

长濑（中国）办公室

贡献。"

长濑中国耕耘中国市场近 30 年，目前在中国地区的员工总数已超过了 1200 名。下设上海、广州、天津、香港四地分公司，营业网点遍布全国。业务涵盖了涂料、树脂、医药中间体等的化学品，液晶显示器、半导体行业的电子材料，汽车、能源关联领域等的功能材料，以及集团企业日本林原和美国普惠集团（Prinova）的医药、健康食品等素材。

长濑中国通过大胆的本地化战略推动发自中国的事业创造。在半导体、移动、电子等领域，业务范围涵盖中国各地。

1997 年 9 月 10 日，上海长濑贸易有限公司在上海成立，公司在成立之初就与上海外服建立了人才派遣的业务合作关系。风雨同舟二十六载，上海外服集团作为人力资源服务机构，深耕人力资源领域，拥有多年行业专家服务经验，为长濑集团在中国的人事管理、人才派遣、员工福利等多个人力资源业务方面给予了极大的专业支持。

1997 年上海长濑入驻上海时只有少量业务，经过几年的飞速发展，贸易形式从原来比较单一地从日本进口原材料，到后来出口各种产品到东亚和南亚（日本、泰国、菲律宾、印尼、马来西亚等国）、中东，远至美国和欧洲，完成了从以进口业务为主到进出口业务"比翼双飞"的崭新转变。这一切的飞速发展都离不开上海这座城市对外资企业的大力扶持。

商务模式推陈出新

长濑中国力求创立全新的商务模式，高层次地满足客户需求，统筹兼顾长濑产业株式会社的各项在华工作，努力体现"成为化才智为商机的技术和信息企业"的公司理念。作为一家高端材料研发制造商，为市场提供从材料研发到适配应用的完整解决方案势在必行。

随着社会和科技的发展，新材料在生活场景中的应用越来越广泛。越来越多的消费者习惯探索家庭生活新方式，家电产品也朝着智能化、自动化的趋势迈进，扫地机器人便是其中之一。作为号称"解放双手"的家庭清洁"神器"，扫地机器人需要有优异的清洁能力、高效的智能规划水平，因此对材料的性能、外观都有着很高的要求。在对智能扫地机器人品牌商的研发方案进行分析后，长濑敏锐地捕捉到了客户在研发中遇到的问题和痛点，分析了客户在材料的低翘曲、抗化学剂、耐冲击性、超声波焊接性、气密性、外观等方面的具体需求，向客户提供了两套材料解决方案，协助客户完成测试、确定选材后，最终为客户提供了包括模具设计、试模、超声波焊接、成本和量产库存计划管理在内的一站式解决方案，助力客户实现产品创新需求。

长濑的行业解决方案化商务模式，已经覆盖环保、消费电子、家

长濑亮相 PCHi2023 行业年度大会

长濑（中国）有限公司
董事总经理

电、汽车、通信、半导体等行业，在各个行业的材料供应环节不断推陈出新，创造突破。

长濑集团已成长为拥有贸易、制造加工、研究开发等各种功能的实体企业。除灵活使用这些功能外，还进一步发挥新功能的作用，作为商业模式设计师努力创造丰富多彩的价值。近年来，长濑集团还加大了可持续发展经营的力度。2020年成立了可持续发展推进委员会，并制定了可持续发展基本方针等。为了长濑集团和社会的可持续发展，我们通过企业活动，力争为解决社会和环境问题作出贡献。长濑中国也已将可持续发展、碳中和等环保理念时时刻刻贯彻在经营活动中。

今后我们将一如既往地在为客户提供以日本为主的海外高性能材料和产品的同时，发挥长濑集团遍布全球的销售网络力量，协同中国业务伙伴共同开拓世界市场。长濑（中国）有限公司立足中国，服务中国，为共建美好社会不懈努力！

植根一方热土，不忘初心、感恩同行

卫材（中国）投资有限公司

卫材的在华发展故事就像一本厚厚的书，用朴实的文字镌刻着一件件难忘的往事与深厚的情谊。那一份坚定的 *hhc*（human health care，关心人类健康）理念，一方肥沃且生机勃勃的土地，一群撸起袖子加油干的中日青年，青春行走在路上，汗水流淌，谱写着"互帮、互助、互相成就"的历史，秉承初心，一衣带水，源远流长。

校企交流，谱写中国情愫

回眸 1972 年，彼时中日两国尚未建交，北京医学院（现北京大学医学部）的米勒副校长与京子夫人一行访问当时卫材在川岛工业园区的工厂。在川岛工业园区飘扬的五星红旗下，卫材领导木村浩及园区领导人欢迎和接待了米勒副校长一行。这是在园区升起的第一面五星红旗，每个卫材人都非常骄傲且传颂至今，只因它谱写了卫材与中国的情愫，标志着一个新的合作的开始，开始了卫材与北医的合作，增进了卫材对中国的了解。

当时间来到 20 世纪 80 年代末 90 年代初，卫材与中国的感情不断加深，卫材与复旦大学同样共同谱写了一段佳话，使得双方相伴至今。当时，复旦大学日本研究中心初建，卫材向复旦大学日本研究中心无

北京医学院副校长一行访问卫材株式会社川岛工业园

偿捐赠 6000 万日元用于中心各项设施建设和人员学术交流。这在当时可谓一笔巨款。按照 1990 年汇率，10000 日元大约是 300 元人民币，而那一年，中国职工月平均工资不到 180 元。由于卫材的捐款，复旦大学即刻着手日本研究中心建筑物的改建。日本研究中心以研究战后日本现代化的经验和教训、助益中国的现代化事业为目的，研究范围以日本经济为重点，涉及日本政治、社会、文化和中日关系。同时，以此推动中日双方学者的学术活动。

现在的日本研究中心所在的建筑就是利用当年的捐款修建的。一进到一层的大厅，就能看到一块匾额，上面用中日双语清楚地写着："本中心的改建系由日本国 EISAI（卫材）株式会社资助。一九九零年七月。"其余款项在图书购买、中日学术交流等重大活动和日常运营上都起到了非常重要的作用。如今，这座白色楼宇建筑和前后庭园设计也成为这段历史的深刻印记，更是卫材和复旦合作的骄傲。

这份情谊也一直传承下来。2015 年 9 月 24 日，卫材株式会社代表执行役（CEO）内藤晴夫一行访问复旦大学日本研究中心，同时宣布

复旦大学日本研究中心授予内藤祐次先生名誉顾问称号仪式

卫材株式会社代表执行役（CEO）内藤晴夫一行访问复旦大学日本研究中心

将赞助中国顶尖高等学府复旦大学以助其日本研究中心开展相关活动。卫材员工与复旦大学日本研究中心合作举办系列活动，以"中国医药品市场的准入与创新"为主题，涵盖讲座、联合座谈会（复旦大学研究员及相关政府官员代表共同参与）及信息分享会。此次主要面向该校学生开设的系列活动，旨在加深中日两国社会及文化上的相互了解，培育和发展能为进一步促进中日友好作出贡献的人才。

　　卫材与复旦的合作不止于日本研究中心。其实，卫材中国自 2007 年开始就已经在复旦大学基础医学院设立了奖助学金项目，至今已经惠及 500 多名学生。为促进医药教育事业的发展，奖励优秀学生和帮助家庭困难学生顺利完成学业，为社会培养更多医药学专业人才，2000 年至今，卫材中国奖学金项目已助力超 10 所大学，奖励和资助学生 2400 余名，资助金额超 1000 万元。卫材全球高级副总裁、卫材中国总裁冯艳辉表示，"卫材中国奖助学金旨在帮助更多优秀和困难学生

复旦大学基础医学院卫材中国奖学金捐赠仪式

成才、服务社会、回报患者，呼吁医学生们更多地关注人文，并在未来为中国的医药事业作出贡献"。

植根一方热土，与时代共舞

卫材中国始终秉承 *hhc*（human health care，关心人类健康）的企业宗旨，积极承担企业社会责任。截至 2022 年，卫材与中国初级卫生保健基金会合作向肿瘤患者和家庭无偿提供了价值超过 45 亿元的药品，减轻患者的家庭负担，极大提升了创新药的可及性和可负担性。2020 年，为抗击新冠肺炎疫情，累计捐赠超过 1500 万元的现金和医疗物资；2013 年至今，与人口福利基金会合作"记得我爱你""黄手环"等项目，捐赠金额超过 500 万元，已惠及 25 万高风险的阿尔茨海默病患者；自 2014 年至 2019 年，通过"卫生三下乡"活动捐赠价值近 300 万元的医药品。卫材在华企业连续数年获得"上海市文明单位"、"中国杰出雇主"、"大苏州最佳雇主"、"中国医药工业百强"、"推进医学公益践行企业使命"年度企业等荣誉称号。

1991 年卫材正式踏上中华大地成立合资公司，到 2022 年，卫材中国在华发展迅速，已成为神经科学、肿瘤（特药）和消化肝病等重点领域翘楚，在华销售多达数十种药品和其他产品；最初，治疗阿尔茨海默病药品安理申、治疗周围神经病变药品弥可保、治疗眩晕药品敏使朗、胃黏膜保护剂施维舒以及质子泵抑制剂波利特等明星产品引领了业务增长，而目前卫材已将重磅新药乐卫玛、海乐卫、卫克泰成功引进中国，并积极协调各方面力量，使卫材更多的产品纳入国谈、集采，提高药品可及性，为中国患者谋福祉。随着中国老龄化问题日益突出以及数字技术和互联网领域的迅猛发展，叠加疫情，太多人的生活方式被改变，我们与合作伙伴合作建立了专门针对中国老年人健康服务的一站式平台，这样用户可以从各种信息和医疗服务中选择和使用最合适的个人服务。利用"互联网+"和数字转型，从医疗领域到日常生活领域，为人民贡献价值。

三十载春华秋实，与时代同呼吸共命运，硕果累累。卫材中国区总部位于上海，拥有苏州和本溪两个生产基地，成员企业包括卫材（中国）投资有限公司、卫材（中国）药业有限公司、卫材（辽宁）制药有限公司、卫材（苏州）贸易有限公司、卫材（香港）有限公司，并投资设立了京颐卫享（上海）健康产业发展有限公司（合资）等。2018年，厂房面积2.3万平方米、位于苏州工业园区兴浦路的新工厂正式开始运营，设计产能年制剂30亿片及包装50亿片。作为集团主力工厂之一，未来苏州工厂生产的产品除了满足中国市场需求，还将供应周边国家和地区。

从卫材全球业务构成看，中国已成为卫材现在以及未来的重要市场之一。卫材在全球开启"EWAY Future & Beyond"计划，在中国将围绕四新（新产品、新渠道、新平台、新业务）战略保持可持续发展。植根一方热土，不忘初心、感恩同行。我们将一如既往，大踏步与时代共舞。

2022年是中日邦交正常化50周年，我们将积极参与政府、医药健康行业和企业间的合作交流，主动回报社会，承担社会责任，为中国人民提供临床急需的、高质量的、疗效佳且安全性好的药品和服务，不断提高企业效能，降低生产成本，绿色环保，为人民大众的健康不懈努力。卫材也将不断续写在华发展的辉煌，当你再次翻开这本厚厚的历史，将发现更多令人感动的白玉兰故事。

风雨同舟，砥砺前行

富士电机（中国）有限公司

富士电机（中国）有限公司成立于1999年，注册资本3760万美元，是日本富士电机株式会社在中国的独资公司。主要从事与中国各企业、事业单位的国际、国内贸易。业务包括为用户提供先进技术支持、品质优良的电子和电气产品以及元器件、机械、电机、机电设备、计测机器、通信电子机器等，并提供安装调试技术咨询等相关配套服务，为钢铁、水泥、化工、汽车、核电等各种领域提供设备及系统解决方案。

二十余载风雨同舟在中国

富士电机总部一直将中国视为最重要的市场，为了进一步强化在中国的总指挥功能，实现以投资性公司为中心的开发、采购、生产、销售一体化，2004年富士电机集团与清华大学建立共同研究的合作关系；2006年与浙江大学建立共同研究的合作关系；2008年在中国国际工业博览会以集团规模出展；2010年设立"浙江大学—富士电机创新中心"；2011年开设"上海技术中心"；2012年参加中国国际工业博览会；2014年成立上海电气富士电机电气技术合资公司；2018年参加首届中国国际进口博览会。2019年，富士电机（中国）有限公司迎来了

"浙江大学—富士电机创新中心"设立签字仪式

2018年，富士电机参加中国国际进口博览会

富士电机（中国）有限公司成立 20 周年庆典

成立 20 周年。

2012 年，富士电机（中国）有限公司在中国国际工业博览会工业自动化展华丽亮相，携社内多款明星产品与观众见面。为期 5 天的展会，接待了中外客户上千人。同时，受到上海市市长亲切会见，专业的销售人员及完善的解决方案也获得了业内人士的一致认可。

2018 年首届中国国际进口博览会，富士电机在第一时间报名参加。在 108 平方米的展厅内，进行了能源优化、稳定化，实现工厂稳定运转和节能效果，大气污染环境测量，兼顾人力物力提供安全安心食品 4 项展示。展会期间，我们感受到了各方观众的热情，富士电机在能源与环境技术领域的贡献也受到了高度好评。

2019 年，富士电机（中国）有限公司迎来了成立 20 周年。20 年的风雨同舟，20 年的砥砺前行，富士电机同仁齐心协力，公司最初仅 10 人左右规模，发展至今已拥有 200 多名员工。2019 年 5 月 28 日，我们隆重举办了 20 周年纪念晚会暨表彰仪式,在会上,我们举杯庆祝,共展未来宏图!

砥砺前行,推动绿色发展

富士电机(中国)有限公司凭借高质量的产品,不断致力于中外技术合作和产品交流,为国内各行各业提供先进的技术和优良的产品、设备,以真诚和努力为中国的经济发展作出贡献。在能源与环境技术领域不断创新,为实现安全、安心的可持续发展社会作出贡献。发展全球业务、致力企业成长;尊重各类人才的主观能动性,发展团队综合实力。富士电机的每一位员工不断以热情、进取、诚恳的态度为社会作着贡献。

除此之外,富士电机集团有着完善的行动基准,全社员工通过企业活动,为解决社会与环境问题持续努力。集团设定了涵盖大部分企

富士电机(中国)有限公司展厅

2021 年富士电机（中国）有限公司 CSR 活动

业的主要可持续发展目标（SDGs），同时设置了 SDGs 推进委员会，以推进并达成国际社会的 SDGs。至 2030 年，为抑制温度上升（与工业革命前相比，控制在 1.5 ℃），力图实现以下目标：（1）将富士电机制品所处于的整个供应链的温室气体排放减少 46% 以上。（2）将生产时的温室气体排放量减少 46% 以上。（3）通过产品为社会二氧化碳减排贡献超过 5900 万吨 / 年。不仅如此，富士电机员工身体力行，积极投身各项 CSR 活动，从环境保护到人文关怀，无不透露着富士电机绿色发展的理念。

2022 年正值中日邦交正常化 50 周年。50 年前，两国老一辈领导人以卓越的战略眼光和政治胆识，打破"冷战"坚冰，排除重重干扰，作出实现中日邦交正常化的政治决断，揭开了两国关系史上崭新的一页。50 年来，双方先后达成一系列重要共识，奠定了两国关系的政治法律基础，各领域务实合作取得丰硕成果。在开启下一个 50 年征程之际，富士电机也希望尽自己努力推动中日关系健康稳定发展。

为长远发展计　共进齐飞

日立建机销售（中国）有限公司

中日邦交正常化以来，越来越多的日本企业来到中国，在这个充满活力与梦想的广阔市场完成了新的跨越，经营高品质工程机械的日立建机正是其中一员。

20 世纪八九十年代，日立建机株式会社开始向中国的企业出口液压式挖掘机，标志性的橙色进口机械在热火朝天的工程建设中逐渐崭露头角，受到中国客户的关注。1995 年 3 月，日立建机（中国）有限公司成立，并于当年量产 EX300-3 型挖掘机，开始了日立建机产品中国本地化的进程。

为了更好地推进日立建机工程机械的在华销售，1998 年，日立建机集团在上海成立了集销售、服务、配件供应于一体的集团公司，拉开了扎根浦东快速发展的精彩序幕。二十余年来，几何级增长的市场、频频释放的政策利好以及持续优化的营商环境，为日立建机提供了优质土壤和充足养分，使其快速成长为中国工程机械领域最具代表性的外资品牌之一。

好产品　金口碑

进入 21 世纪，日立建机的在华发展步入快车道。随着 ZAXIS 新品的发布，越来越多的中国客户认识并了解了拥有进口品质和高附加值的日立建机挖掘机，产品在中国（北京）国际工程机械、建材机械及矿山机械展览与技术交流会（BICES）和上海国际工程机械、建材机械、矿山机械、工程车辆及设备博览会（BaumaChina）等高水平国际工程机械展会上展现风采。依托高质量的本地化创新，从初代 ZAXIS 机型到今天的 ZAXIS-6A 系列产品，日立建机在中国市场推出的机械设备不仅具备独特的技术优势，更在适应环保政策和中国客户的需求方面持续进步，先后发布了多款专为中国市场打造的定制化产品。

从灵活易用的迷你挖掘机，到应用于大型矿山的重量级工程机械，日立建机可为不同行业、不同规模的客户提供全产品线支持。基于原装进口发动机、独家 HIOS Ⅲ 液压系统、高耐久性配件和人性化设计，日立建机挖掘机所展现的卓越效能和环保属性广受认可，标杆价值凸显。二十多年来，日立建机挖掘机成为"中国工程机械年度 TOP50"榜单上的常客，ZX60、ZX200-5A、ZX890LCH-5A 等明星产品多次获评年度最佳，为全行业所瞩目。此外，基于日立建机工程机械的卓越品质和良好口碑，日立建机也多次荣获年度"全国产品和服务质量诚信示范企业"奖。

优服务　宽领域

在行业内，日立建机是较早搭建高水平服务网络的工程机械制造商之一。早在 2001 年，日立建机就引入了服务人员资格认证制度，对标准化、专业化的人员培训始终给予高度重视，培养了一大批技术过硬、经验丰富的服务工程师。通过与各地经销商的紧密合作，日立建机能够为全国客户提供快速响应、实时应对的高质量服务，率先在行业内引入基于互联网的现代化在线管理系统，不断强化服务品质、丰

日立建机中国事业发展媒体沟通会现场

富服务内容，客户满意度逐年提升。

在服务网络优化建设的过程中，日立建机实施了一系列行之有效的举措，包括每年举办经销商大会和服务技能竞赛、成立人才开发中心、开展橙色关爱万里行活动等，赢得了客户的深度信赖。而在业务开展的广度上，日立建机也顺应中国客户的普遍需要，通过专业租赁和多种二手机业务，为客户提供经济、实用、放心的解决方案。其中，日立建机着力向市场推广认证二手机产品，并于2020年举办首届二手机评估师认证会，为二手机的选购提供安心支持，并能够为有需求的客户提供二手机租赁和以旧换新服务。

日立建机中国事业蓬勃开展，贯穿其中的是企业积极回馈社会的责任担当。从2005年开始，日立建机在内蒙古地区展开沙漠绿地化活动，用十余年时间在严重沙化的科尔沁沙漠上建起了数十万平方米的公益林，有效改善了当地的自然和社会面貌；2010年，日立建机援建宋庄希望小学，并通过持续走访和研学活动为孩子们送去温暖关爱；

沙漠绿地化活动，建起"日立建机之林"

在汶川地震、玉树地震、抗洪救灾和疫情支援中，日立建机勇于担当，为受困地区提供及时援助。此外，在赛事赞助、环保宣传等活动中，日立建机也投入热情，认真践行社会责任。

稳发展　与"沪"同行

置身全国经济体量最大的保税区——上海外高桥保税区，日立建机在取得业绩迅猛增长的同时，也持续为区域经济和社会发展贡献力量。从2002年开始，日立建机多次获评外高桥保税区先进企业、销售收入20强企业、经济贡献百强企业、上海市外商投资优秀企业等荣誉称号，更在2010年被评为"上海综合保税区经济贡献百强之首"。在上海这一中国经济的制高点，日立建机如沐春风，在正确航向和有力支持下不断强化自身，稳健发展。

日立建机销售（中国）有限公司
董事总经理程晓明

目前，日立建机中国事业集团形成了以上海为中心的销售服务体系，和以合肥工厂为中心的生产制造体系双轮驱动，共同推动在华经营向更高质量迈进。在沪发展的过程中，日立建机得到了上海市、浦东新区政府的多点支持，特别是在疫情管控和工程机械市场整体低迷的大环境下，日立建机受益于政策扶持，仍保持了良好的发展态势。同时，日立建机十分注重优质工作环境和良好劳资关系的塑造，让员工拥有强烈的归属感，先后荣获上海外服"创建职工之家优胜单位""上海自贸区劳动关系和谐企业"等荣誉。

2022年11月，日立建机为进一步强化在中国的事业发展，通过重新构筑中国事业体制，设立了新的销售服务统括公司——日立建机销售（中国）有限公司，对包括建筑机械和小型机械在内的产品提供一站式服务。作为强化全球事业的重要一环，新公司将为日立建机的在华经营凝聚新的动力。

日立建机销售（中国）有限公司董事总经理程晓明表示：日立建机总部对中国市场高度重视，内外部因素互为支撑，为日立建机中国事业的发展凝聚了充分信心。

中国共产党二十大报告提出了"推动高质量发展"和"提升国际循环质量和水平"的新要求，作为根植上海的外商企业，日立建机将继续与浦东新区的脉搏同步律动，提升产品和服务水平，拓宽经营思路，坚持创新与社会责任的履行，为可持续的高质量发展注入更多信心。

以经验、诚信为出发点，不断贡献光和热

捷太格特（中国）投资有限公司

捷太格特（JTEKT）是 1921 年成立的光洋精工（Koyo）与 1941 年成立的丰田工机（TOYODA）于 2006 年 1 月合并而成的一家跨国企业，在全球共有 130 家企业，拥有约 4.6 万名员工。在华员工人数约 5300 人。

目前捷太格特在华共设立了 24 家本地企业，其中包括：1 家负责中国地区销售及业务统括的公司即捷太格特（中国）投资有限公司、4 家汽车事业公司、3 家产机及轴承事业公司、1 家机床制造及销售公司、2 家科技研发中心和 13 家集团关联公司。事业领域遍及汽车零部件、产业机械轴承、机床等的生产、销售和技术服务。

三大事业领域，协调发展，互相助力

1995 年，捷太格特在华第一家生产工厂成立，至今已经 28 年了。作为开发了世界首台汽车用电动助力转向器（EPS）① 的生产商，我们 EPS 的全线产品已经做到了在中国的本地化生产，像双小齿轮式电动助力转向器（DP-EPS）、齿条平行式电动助力转向器（RP-EPS）等产

---

① 据《日本一般社团法人电气学会第 15 回电气基础》的记载，"捷太格特与三菱电机株式会社共同开发了世界首个电动助力转向系统"。

品已经运用于中国各大整车厂，这些年来都在不断获取更多的市场份额，呈现全线推进的态势。

轴承方面，从我们的前身之一光洋精工算起，至今已有百年的历史，依托于百年不断积累的技术能力，加之新时代的不断创新，我们研发出的例如高精度轴承、特殊环境轴承、新能源车电驱动总成用轴承等产品都已经在行业中有非常广泛的影响。

此外，捷太格特的机床事业进入中国市场 30 年以来，不断为中国的制造业发展贡献着自己的力量。特别是 2015 年以来加速推进本地化设备的生产制造，目前大连工厂已投入制造量产型立式加工单元（e640V 系列）、外圆磨床（GT-011i，G1P）等多款设备，我们的产品被广泛应用在传统燃油汽车、新能源汽车、家电、产业机械等零部件加工领域。

捷太格特早在 2001 年 3 月设立上海代表处起就与上海外服合作，至今已逾 20 年，上海外服为我们提供员工派遣及员工福利保障等相关服务。上海外服的优质服务为我们之后的发展打下坚实的基础。

2005 年 8 月 29 日，捷太格特在上海市长宁区设立中国地区总部，即捷太格特（中国）投资有限公司，在上海市政府以及长宁区政府的大力支持下，公司得到了快速、良好的发展。特别是公司所在的长宁区是上海对外开放的重要窗口，日本驻上海总领事馆、日本商工会俱乐部等机构都在长宁区内，为我们企业的经营也提供了非常大的便利。

今后捷太格特会进一步健全在华生产、销售、技术服务体制，以在全球范围内所积累的经验、诚信为出发点，以"尖端的节能环保技术""信得过的商品品质""细致周到的技术服务"为中国各产业的发展、环境的改善、"中国梦"的实现，不断地贡献自己的光和热。

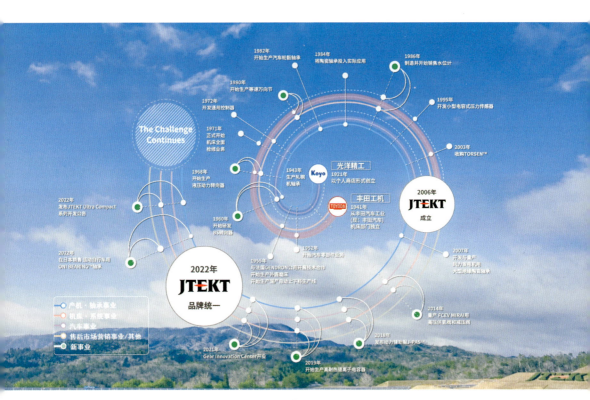

捷太格特三大事业间的协同发展

捷太格特的 CSR 活动

捷太格特集团一直注重社会人才的培养和交流。20 多年来，在中国与国内多家知名高校开展人才培养和技术交流，致力于培养中国本土人才。捷太格特与清华大学的交流始于 2005 年。双方通过互访、召开学术会议、举办学术研讨活动、开展共同研究等，不断加深交流与理解。在此过程中，捷太格特也从清华大学学到了诸如解析手法等学术新知，获得了更多宝贵的经验。2014 年 7 月，捷太格特的中野史郎高级研究员就任清华大学客座教授。此后中野研究员每年都会到清华大学进行演讲。以此为契机，捷太格特今后将会在清华大学开展更多的学术相关活动。

2015 年 10 月，捷太格特中野高级研究员在清华大学发表演讲

捷太格特为了更好地扎根中国、成为优秀企业公民，积极地开展了丰富多彩的社会公益活动。在履行企业社会责任的同时，也多角度地实现员工价值。

作为中国地区的统括公司，捷太格特（中国）投资有限公司在2012年与上海市长宁区文杰护理院（原逸仙第二敬老院）签订"爱心公约"，除了日常与院方联络、帮助院方解决一些实际困难，还会定期（一年两次）组织员工来到敬老院实际慰问老人。

另外，捷太格特在支援灾区重建方面也积极投入。2013年4月20日中国四川雅安发生地震，捷太格特全体员工为地震遇难者、受灾者祈福，同时捷太格特日本总部及捷太格特集团中国国内19家企业一起决定为灾区捐赠450万日元（以当时汇率换算约为28万元人民币），并且在2013年上海车展捷太格特JTEKT展台上打出声援四川灾区的标语。

2014年8月3日，中国云南省昭通市鲁甸县发生6.5级地震，捷太格特日本总部及捷太格特集团在华企业再次为灾区捐赠450万日元（以当时汇率换算约为27万元人民币）。捷太格特尽绵薄之力，希望受灾者尽早渡过难关。

2022年9月，捷太格特在长宁区文杰护理院举办第20次敬老慰问活动

捷太格特第 14 回 EHS 分科会

2021 年 11 月 26 日，捷太格特捡垃圾环保公益志愿者活动

在环境保护方面，捷太格特自 2013 年开始，每年都会召开 EHS（环境 Environment、健康 Health、安全 Safety）分科会，旨在加强各工厂在环境、健康、安全方面的管理。在华企业每年都会组织员工开展在公司附近捡垃圾等各种各样的环保公益活动。

未来，捷太格特会进一步健全在华生产、销售、技术服务体制，以在全球范围内所积累的经验、信誉为出发点，为了给中国的客户奉献更加优质、丰富的商品与服务而不懈努力。此外，捷太格特还将通过与当地百姓、产学研机构等的交流，在保护环境、关爱社会、支持体育文艺活动等众多领域，进一步开展社会公益活动，努力成为扎根于本地的优秀企业公民。

"JTEKT in China"，本着"在中国，为中国"的精神，捷太格特集团 24 家企业齐心协力，吹响集结号，使出我们在生产、销售、技术服务方面的全部看家本事，做中国客户的优质供应商，通过我们的努力，为"中国梦"的实现贡献自己的光和热。

风雨同舟，携手同行

小松（中国）投资有限公司

百年小松

小松集团（即株式会社小松制作所，以下简称小松）成立于1921年，是一家有着百年历史、业务遍及世界各地的全球化企业集团。小松的集团总部位于日本东京，同时还在中国、美国、欧洲三地设有地区总部，现有集团子公司252家，员工总人数约6.4万人。2022财年集团合并销售额约2.8万亿日元。（以上为截至2023年3月31日数据）小松的主要产品有：（1）挖掘机、推土机、装载机、自卸卡车等工程、矿山机械；（2）各种大型压力机、切割机、半导体制造设备等产业机械；（3）叉车等物流机械；（4）TBM、盾构机等地下工程机械；（5）林业机械等其他产品。

小松（中国）投资有限公司（以下简称小松中国）是小松集团在中国的地区总部，于2001年在上海成立。小松中国的主要功能为：作为小松集团的中国地区总部，负责对小松的在华投资、市场营销、生产、技术开发、人事劳务、集团内部金融等业务进行统一管理，同时，对小松在华各企业实行一元化管理。

小松在江苏省常州市和山东省济宁市设有两大工程机械生产基地，并通过33家代理店实现了在全国范围内的销售、服务网络全覆盖。

小松在华事业发展历程

1956 年，小松参展在北京、上海两地举办的首届日本商品展览会，由此拉开小松在华事业发展的序幕，至今已历 60 余载。小松在华事业的发展历程可分为以下五个阶段。

小松在华事业发展的第一阶段（整机出口阶段，1956—1978 年），在时间上正值中华人民共和国成立初期至改革开放开始的时期，其间包含了 1956 年至 1972 年中日两国间尚无邦交的特殊时期。在这一阶段，以参展首届日本商品展览会为契机，小松开始以整机出口的方式向中国出口推土机等工程机械，为成立初期百废待兴的中华人民共和国开展国民经济基础建设、克服西方经济封锁以及中苏交恶等所造成的困难作出了贡献。

同时，作为一家对中友好企业，小松在时任会长的河合良成以及

在首届日本商品展览会上展出的小松产品

时任社长的河合良一的倡导之下，还积极参与到了两国实现邦交正常化之前的中日友好事业当中，特别是对在建交前两国间的贸易及友好往来发挥了重要作用的"LT贸易"（或称"廖高贸易"）机制的创设及其后两国间的贸易推进作出了贡献。

"LT贸易"机制成立后，小松与中国之间的产品出口贸易也得以进一步提速。1964年，河合良成会长再次访问中国，与中国签订了推土机等工程机械大型产品销售合同，合同总台数达1510台。据相关统计，1956—1986年，小松共计向中国出口各类工程机械约7000台，其中推土机4500台、装载机500台、铲运机600台、自卸卡车400台、平地机400台、其他机种600台。

1975年，周恩来总理在接见来访的河合良一社长时，曾以"吃水不忘挖井人"来对表达对小松公司长期以来为中日友好所作贡献的感谢。也正是在这一过程中，作为品牌的"小松""KOMATSU"连同其产品等逐渐为中国社会与人民所熟悉，为后阶段小松在华事业的进一步发展奠定了坚实的基础。

小松在华事业发展第二阶段（技术合作阶段，1979—1994年）在时间上正值中国开始实施改革开放的时期。这一阶段，在时任小松社长的河合良一的积极倡导之下，小松响应中国政府号召，积极协助中国开展国有企业改革，尤其值得一提的是，小松以无偿传授的方式帮助中国导入全面质量管理（TQC），之后又以合作生产方式向中国工程机械企业和产业机械企业提供近20个机型的相关产品的制造技术，为改革开放后中国发展经济、提升制造业发展水平作出了贡献。

小松在华事业第三阶段（直接投资阶段，1995—2000年），在经历

1979 年，小松派遣专家到北京内燃机总厂进行 TQC 指导

了第一阶段的整机出口和第二阶段的与中国国有企业的合作生产之后，
到本阶段顺利实现以合资方式直接投资建厂进行本地化生产，标志着
小松事业开始真正在中国落地生根，小松在华事业发展由此又迈上了
一个新的台阶。1995 年，小松在江苏省常州市和山东省济宁市分别设
立 3 家合资企业，其中包括 2 家主机生产厂（济宁和常州）和 1 家铸
造厂（常州）。

在上述本地化生产实践的过程中，小松实现了中国式的企业经营
模式与日本式的质量、生产管理模式的完美融合，同时还打造起了一
支可满足之后进一步发展所需的合格的人才队伍，在其他如渠道建设
等方面也积累了有益的经验，为下一个阶段高速增长期的到来作好了
准备。

通过合资建厂进行本地化生产，在满足中国工程机械用户对高端
工程机械日益增长的需求的同时，也为作为合资伙伴的中国国有企业
同行提供了一个学习、了解国外同行先进生产制造技术的良好机会，

进而为中国工程机械行业的整体发展与进步作出了有益的贡献。

在第四阶段（集团化运营阶段，2001—2012 年），小松于 2001 年 3 月在上海设立了中国地区总部——小松（中国）投资有限公司。小松中国的设立，标志着经过前几个阶段——整机出口、技术合作、直接投资建厂（推行本地化生产）阶段——的发展，小松在华事业业已成为小松集团全球事业（战略）的一个重要组成部分。

通过设立中国地区总部，小松开始按照小松集团全球统一运作方式和标准来开展在华事业的运营，以小松中国为总部对在华企业实行统一管理和集团化运作；同时，基于产品价值链着手在中国市场上开展全方位运营，通过整合销售服务网络、加强本地化采购等举措，以更加完整的商业模式开启了小松在华事业发展的新纪元。

2008 年美国金融危机发生后，中国政府为应对危机采取了强化投资等举措。以此为背景，中国工程机械行业及市场迎来了一个实现快速发展的新机遇。本阶段，得益于上述新发展模式的构建与转变工作的进行，基础得以夯实的小松在华事业顺利实现了高速增长，其整体事业运营水平也迈上了一个新的台阶。2009 及 2010 年度，小松中国连续两年入选上海市外资百强，并被评为上海市外商投资先进企业。2011 年度，小松中国实现合并销售收入 202 亿元，纳税总额近 9 亿元。2011 年 1 月，中共中央政治局委员、中共上海市委书记俞正声亲自到访小松中国，对小松在华事业的发展给予了高度评价。2011 年 9 月，时任小松集团中国总代表兼小松中国董事长茅田泰三荣获上海市"白玉兰纪念奖"。

在经历了持续数十年的经济高速增长之后，2011 年中国成为世界第二大经济体，中国经济进入了以中低速稳定增长为特点的新阶段。

2010 年，在黄浦江畔施工的小松混合动力液压挖掘机

已成为世界最大工程机械市场的中国也开始进入了一个以市场需求调整、国产厂家崛起、竞争日趋激烈等为特征的新阶段。在上述背景下，在小松在华事业第五阶段（可持续经营阶段，2013年至今），小松在华事业发展也经历了由量到质的经营模式转变，即由在之前几个阶段里的从无到有、着重于对量的追求（通过供应商体制、生产体制、销售服务网络的构建等），向对质的追求（注重制度建设、企业治理等以提升软实力为重点）的转变，旨在实现长期的可持续发展。

新形势下，在继续为用户提供有竞争力的产品、服务和全面解决方案的基础上，如何依托小松综合实力，通过实现用户利益最大化来强化用户关系成为重要课题。为此，在本阶段，小松中国携手代理店共同开展了以"强化用户关系性""成为用户不可或缺的存在"为目标的品牌战略（BM）活动，基于产品全生命周期成本最小化（LCC）理念开展了持续改善（CI）活动等，这些活动都取得了良好的成效。

2008年，小松中国总经理兼CEO王子光访问云南小松希望小学

　　饮水思源，回报社会。遵循小松集团"以己之业，尽己所长，为社会发展作贡献"之企业社会责任基本理念，2007 年 3 月，小松中国设立了"小松集团中国社会贡献基金"，自设立以来，主要开展了在中国贫困地区捐建希望小学以及在内蒙古科尔沁地区进行沙漠绿化等活动，迄今已捐建 26 所希望小学，在内蒙古沙漠地区植树 35 万余棵。

迈向新百年

　　2021 年 5 月，小松迎来了百年华诞。面向新百年，小松提出了"以产品制造和技术创新，创造新价值，努力开拓人、社会、地球共同繁荣的未来！"的新目标。以此为契机，着眼于新百年的可持续增长，小松于 2022 年度开始了新一期以三年为期的中期经营计划。

　　小松中国将秉承小松集团的中期经营计划所提出的战略构想，通过计划中所提出的优势价值（DANTOTSU Value，即通过收益改善与ESG［环境 Environment，社会 Social，治理 Governance］课题解决的良性循环实现客户价值的创造），不断朝着未来型工作现场的实现迈出新的步伐，努力将一个可持续的未来传递给下一代。

小松公司 LOGO

日新月异，一路有你

日立高新技术（上海）国际贸易有限公司

　　日立高新技术是一家全球雇员人数超过 1 万人，拥有百余个经营网点的跨国公司。日立高新技术的企业发展目标是"成为独步全球的高新技术 / 解决方案提供商"，即成为掌握最先进技术水准的开发、设计、制造能力，同时拥有满足业界不同需求的解决方案提供商身份的综合性高新技术公司。

与中国市场共成长

　　日立高新技术在华事业的起点是 1964 年香港代表处的开设。作为连接日本和中国的贸易的桥梁，香港办事处在当时只是日立集团中一家非常小的公司。

　　伴随着上海对外开放的步伐，1986 年上海日制产业代表处成立，并于 1994 年成立上海日制产业有限公司，日立高新技术正式开始了在中国大陆的销售事业。2002 年，公司更名为日立高新技术。着手从全球最先进的纳米技术产品如电子显微镜、分析设备等测量仪器和半导体制造设备的开发、制造到销售、服务的一体化整合，不断成长。日立高新技术在中国区域除了生产半导体制造设备、液晶制造设备、电子显微镜、医用仪器设备，还从事高新技术工业仪器设备、电力设备、汽车零部件、半导体设备电子元件、显示器相关产品、光学元件、金属材料、合成树脂材料及其衍生产品等的销售业务。同时，还积极布局国外，并且提供能够综合、动态管控从国外采购到国外销售诸环节中的信息、物流、资金流程的供应链解决方案。

2016 年，在中国 IVD（体外诊断产品）市场不断扩大的背景下，日立高新技术和上海日和共同成立了专业诊断公司——日立诊断产品（上海）有限公司。以上海为总部，辐射全国，以推动临床实验室效率与质量的发展作为目标，听取终端用户技术需求，提供务实有效的及时服务。日立诊断自成立以来，一如既往积极响应体外诊断市场的发展趋势，不断丰富实验室自动化产品线，为不同类型用户提供实验室自动化的全面解决方案，更为精准高效地满足广大用户的需求。

2020 年，为了在科学技术领域中国市场飞速发展和变化的大环境下，能够更快速、全面响应客户需求，日立高新技术收购了携手合作20 多年的代理商天美科仪有限公司，并于 2021 年 4 月正式成立日立科学仪器有限公司（注册地：中国香港）与日立科学仪器（北京）有限公司。凭借各类电子显微镜及分析仪器，通过与客户的协同创新，积极为教育、科研、工业等领域的客户需求提供专业和优质的解决方案。

2020 年，日立高新技术自身也经历了成为日立制作所全资子公司的身份转变。自此通过强化与母公司之间的合作，不断创造社会、环境价值，为实现社会的可持续发展作出贡献。在医用分析仪器，半导体制造装置，解析、分析装置的生产销售以外，通过在社会、产业基础设施、移动等领域提供高附加价值的解决方案，面向全球发展事业。

日立高新的企业 CSR

作为同样重视社会责任履行的企业，日立高新技术也一直致力于环保意识的唤醒以及青少年对理科及科学技术兴趣的提高。如 2012 年 12 月起面向本地中小学生开展的日立集团标志性 CSR 活动——"梦貘环保教室"，旨在通过日立志愿者向中小学生普及环保知识，提高学生的环保意识，培养"环保行动，从我做起"的思想。而作为社会贡献一环的"通过 HITACHI 显微镜走近微观世界——理科教室"活动，在集团公司的支持和协助下，从 2017 年至今面向本地学校开展。即使在 2020 年至 2022 年受新冠肺炎疫情影响线下授课无法顺利推进的情况下，通过诸如线上授课的模式，始终没有中断这项能实现企业社会贡献的有意义的活动。

回顾过去，在长达半个多世纪的时间里，日立高新技术融入中国

日立高新技术企业 CSR 活动聚焦的三个领域

社会，连接起了日本与中国的各项事业。经过多年的努力，现在，日立高新技术集团在半导体、医用、生物、环境、产业解决方案等各种领域，为客户的事业提供着各项产品和服务。日立高新技术在中国发展成现在拥有 6 家当地法人公司、32 个据点、3 家工厂的规模，始终坚持"通过基于高科技解决方案的价值创造商业活动，为社会的进步和发展作出贡献，成为一家能被所有利益相关方所信赖的公司"的基本理念。在此基本理念的指导下，我们今后也将与客户共同为给中国社会的进步、发展作出更大的贡献而不断努力。

日立高新技术与上海外服的合作始于 1986 年上海日制产业代表处成立之际，至今已有将近 30 个年头。当时上海外服作为为数不多的上海市政府指定的外商服务机构之一，为我们输送了优质人才以解决外资企业用人难的问题。随着 2008 年劳动合同法正式实施，日立高新技术顺利完成由派遣向独立用工的转型，在此过程中离不开上海外服的专业支持。随着日立高新技术本土化的深入及业务扩张，在中国的规

日立高新技术企业理念

模由几十人一路发展至如今的 600 多人，覆盖上海、北京、广州、武汉、合肥等全国 20 余个城市，上海外服一直通过覆盖全国的服务网络持续为我们提供人事管理、人才派遣及各种法律政策咨询相关的专业服务与支持。相信今后上海外服也能继续充分发挥行业领军者优势，以人力资源服务赋能助力日立高新技术实现人力资源的高质量发展！

以可持续发展为核心进行新产品开发

威可楷（中国）投资有限公司

　　YKK 集团由吉田忠雄创建，众所周知是一家日本企业，却和中国上海这座美丽的城市有着一段故事。20 世纪 30 年代初，吉田忠雄受雇于一家叫作"古谷"的杂货商店，作为学徒他受命前往上海进行瓷器的批发采购，并负责将货物运回日本。后来"古谷"商店由于经营不善倒闭，吉田忠雄拿到了东家抵债的一堆拉链，从此开启了和拉链的不解之缘。吉田忠雄在上海的落脚点位于如今虹口区峨嵋路附近。YKK 日本每一位来上海出差的同事都会前往峨嵋路"打卡"，缅怀创始人在上海的那段奋斗时光。

YKK 落户上海

　　1992 年邓小平视察南方，坚定了中国改革开放的道路，同年 10 月浦东新区正式成立。YKK 对中国的投资也始于这一年，成立了上海吉田拉链有限公司。当时中国国内的劳动力成本较低，服装加工水准又高，不仅仅是服装缝纫业，中国成为世界第一生产大国。在之后的 10 年内，出口加工业务发展迅速，YKK 也得益于此，客户中加工出口的企业占比很高。

　　中国在不知不觉中已成为世界第一大消费国。2017 年恰逢中国缝纫业转移到东南亚的高峰期。在所处的事业环境发生如此大的变化的情况下，YKK 也及时调整了销售策略。面对不断成长壮大的国内自有品牌，YKK 认识到中国内需市场的无限潜力。因此 YKK 主动出击，积极了解客户的设计理念和品牌战略，从设计到开发，携手客户共同参与和规划。如此沉浸式的服务，很快受到了客户的信赖和好评，YKK 集团在 2018 年度达到了销售突破 100 亿条拉链的最高业绩，其中中国集团的销售数据功不可没。

当然 YKK 并没有满足于此。全球各行业都在为了实现"碳中和"和"碳达峰"的目标努力奋斗，YKK 也设立了自身的目标，2020 年我们发布了《YKK 可持续愿景 2050》白皮书。YKK 公司积极响应政策，以可持续发展为核心进行新产品开发。YKK 为时下泛滥成灾的废弃塑料创造新生命，开发出对海洋塑料垃圾进行升级再造的"NATULON®再生拉链"。此款拉链以在斯里兰卡海岸线 50 公里以内收集的海洋塑

2023 年"YKK 杯"陆家嘴金融城第四届龙舟赛

料垃圾为主要材料，不仅有助于减少海洋塑料垃圾，其制造所需的能量和二氧化碳排放量也比使用原生聚酯作为材料的拉链更少，从而有助于降低环境负担。YKK 在 2020 年全面销售该产品，并获得国内广大客户好评。

虽然 YKK 是外资企业，公司驻在员在上海算是"老外"，但大家都非常喜欢中国的文化，并热衷于尝试去更多地了解中国，了解中国的传统文化。每年端午节，YKK 都会赞助并冠名陆家嘴金融城龙舟赛，通过端午节吃粽子划龙舟，向更多的年轻人介绍中国习俗，弘扬中华民族文化，乐在其中。

善之巡环[①]

YKK 是一家成立将近 90 年的老牌日企，始终秉承创始人吉田忠雄倡导的"善之巡环"，在上海，YKK 同样以"成为当地企业"为己之责。公司内部设有 CSR 专业委员会，当得知浦东新区有一家辅读学校，YKK 立即和对方取得联系，成功与浦东辅读学校结队，不定期地送上真挚的关怀，让特殊儿童能感受到更多的爱。

2020 年伊始，在湖北省武汉市暴发的新冠肺炎疫情牵动人心。自新冠肺炎阻击战打响以来，不计其数的医务工作者义无反顾地奋战在疫情防控第一线。YKK 集团用自身行动，守护医务人员的生命安全。疫情时期医用物资匮乏，YKK 中国集团经营层当即决定立刻向主管机构提出复工申请，全力配合防护服厂家尽快完成生产并赶在第一时间

[①] YKK 创始人吉田忠雄在推进事业发展时，时刻考虑企业和社会的和谐发展。这具体体现于在企业经营活动中狠下功夫发明创造，通过不断创造新的价值推进企业的发展，造福消费者，和事业伙伴实现双赢，为社会作出贡献。这个精神被称为"善之巡环"，是 YKK 企业经营的根本出发点。今天的 YKK 继承了这一思想，它成为 YKK 的企业精神。

送达。YKK 中国集团下属的上海吉田拉链有限公司、大连吉田拉链有限公司、吉田拉链（深圳）有限公司纷纷担起重任，陆续加入生产拉链的紧张工作。仅仅一个多月，YKK 上海、大连、深圳三社共为此次疫情无偿提供价值人民币约 94 万元的专用拉链，用于防护服的配套生产；YKK 深圳还向湖北省荆州市捐赠了价值约 70 万元的冲锋衣，帮助缓解当地医护人员疫情防护物资短缺的问题。除此以外，YKK 中国集团还通过上海市慈善基金会捐赠人民币 100 万元，助力抗击新冠肺炎疫情。作为中国的一分子，这是我们义不容辞的担当。

YKK 中国总经理眼中的上海

大门和人，来自 YKK（中国）投资有限公司。

大门和人与 YKK 拉链

　　1992 年邓小平视察南方，坚定了中国改革开放的道路，同年 10 月浦东新区正式成立。YKK 对中国的投资始于这一年，成立了上海吉田拉链有限公司。巧的是同年我从大学毕业进入了 YKK 集团工作，这是我和上海冥冥中注定的缘分吧。

　　2017 年 3 月，在经历了新加坡的 10 年磨炼、5 年的总部经营企划锻炼之后，我被派往了上海这座魅力无限的城市。正式赴任之前，我只来过上海 2 次，每次都是短期的出差，还没有好好领略到上海的美，就匆匆地说了再见。这次的正式履职，让我可以慢慢体会上海四季之美，春天的梧桐，初夏的啤酒小龙虾，深秋的银杏，冬天肥美的大闸蟹，每一个季节都有着让我深深喜爱上海的理由。

　　我对上海的印象远不止于此。或许是因为我所在的行业属于服装业相关行业，因此我对中国上海的时尚潮流演变非常敏感。印象深刻的是大家对时尚、对美的需求变化，对高品质生活的追求。仔细观察

大门和人荣获 2020 年上海市"白玉兰纪念奖"

上海的繁华商圈，相信大家就会发现，从一开始跟风欧美、日韩，世界知名品牌到处开店扩张，到如今中国国内自有品牌建立、成长，很多优秀的国内设计师不断脱颖而出，这些很好地体现了中国消费者的心理变化，不再一味追求品牌，而是更注重穿着舒适度，或者是自我个性的呈现。

时光飞逝，一转眼来到上海已经 6 年了，这 6 年里我在工作上不仅得到了来自日本集团内部的认可，2020 年我还获得了上海市"白玉兰纪念奖"的殊荣，这可谓是对我的最高认可。2021 年 1 月春节前夕，我更是获得了一份特殊礼物，我拿到了我的永居身份证，我是一名上海人啦！相信在上海这片热土上，在无数像我这样热爱上海的有志之士的辛勤耕耘呵护下，我们的白玉兰会绽放得更加灿烂。

上海，未来可期。

在中国诞生，伴中国成长

兄弟（中国）商业有限公司

兄弟集团（Brother 集团）总部位于日本名古屋，其前身是由安井兼吉于 1908 年创立的"安井缝纫机商会"，从维修缝纫机起家，并不断转型，实现了缝纫机的日本国产化。后在打字机领域闻名全球，研发出高速针式打印机，并于 90 年代中期推出集打印、复印、扫描多功能于一体的打印机，在业界大获成功。同时，传统的缝纫机事业，以及新兴的数控机床、标签机等产品业务都在全球顺利开展。

兄弟（中国）商业有限公司是 2005 年 3 月由兄弟集团在中国上海市出资设立的外商独资企业，主要负责打印机、标签机、扫描仪等产品及解决方案业务，以及缝纫机、绣花机等家用机器的销售与服务。

自成立以来，兄弟（中国）依托在北京、广州、西安、成都、沈阳、武汉设立的分公司和集团旗下分设于深圳、珠海、台湾等地的生产工厂，以及在杭州设立的开发公司，在国内实现了开发、生产、销售三位一体的供应体制，用高质量的产品与服务为包括电力、电信、银行、保险、石油、教育、医疗等行业在内的广大中国顾客提供优良的价值。

兄弟（中国）成立 10 周年庆典

差异化助推兄弟不断成长

兄弟（中国）的成长伴随着中国经济蓬勃发展，一路推陈出新、探索前行。

2003 年，兄弟（中国）创立筹备启动，2005 年正式成立兄弟（中国）商业有限公司，负责日本兄弟集团系列产品在华的市场销售业务。

长期以来，兄弟（中国）一直秉承"与经销商共同成长"这一理念，构筑了具有兄弟特色的商业模式，即致力于构筑完善的内、外部体制并持续不断地强化体制建设。内部体制是指兄弟（中国）的团队建设，外部体制则是商业合作伙伴经销商渠道的建设。兄弟（中国）深知人才对企业发展的重要性，特别是如今 VUCA（易变性 Volatility，不确定性 Uncertainty，复杂性 Complexity，模糊性 Ambiguity）时代的到来，更需要优秀人才。这些年，在如何设置关键岗位以及如何构建有效的层次化团队管理模式的问题上，公司一直和总部相关高层保持良好沟通，得到了总部的赞同与认可。兄弟（中国）通过在公司内部开展多种人才培养项目，特别是创新研究院项目，不断优化个人目标达成导向，提高员工各方面能力与团队组织能力，从而促进团队整体绩效和能力持续提升，2022 年度兄弟（中国）管理职本土化率为87%。在优化内部体制建设的同时，兄弟（中国）不断加强外部商业流通体系的建设，我们把经销商视为战略合作伙伴，合作看重的不是眼前利益，而是与兄弟（中国）的共同发展。从初期的针对经销商的产品培训到现在的企业组织诊断，帮助经销商进行企业文化提炼、营销团队培养、人力资源管理等，通过这种战略合作来长久地经营兄弟事业。正是这种具有兄弟特色的厂商和经销商共赢的商业模式，使得兄弟在中国市场后发先至，奠定了扎实的市场地位。目前已经形成了兄弟（中国）的上海总部与北京、广州、成都、西安、沈阳、武汉六家分公司的模式，同时建立了覆盖全国的数千家经销商与维修服务网络，事业进入良性循环。

创新的 DNA 助力兄弟实现飞跃

兄弟（中国）的飞速成长得益于中国开放的市场环境和中日间深化合作、互利共赢的伙伴意识，也得益于集团 "At your side."（在你身边）的企业精神。凭借集团雄厚的技术积累和永不停歇的创新 DNA，作为兄弟集团的全球五大区域公司之一，兄弟（中国）自成立之日起，

就取得了令人瞩目的成绩。过去的 18 年是兄弟集团在中国蓬勃发展的
18 年，是一家卓越的外资企业与中国市场共同成长的 18 年，更是兄
弟（中国）"在中国诞生，伴中国成长"并逐渐成长为中国本土化企业
的 18 年。为了应对中国市场的快速变化、更好地服务中国用户，2010
年集团在杭州成立了首个海外研发中心——滨江兄弟信息技术（杭州）
有限公司，力求通过本土化研发体系的建立，开发更符合中国用户需
求的产品。结合在深圳、珠海、台湾等地的工厂，中国成为集团在海
外唯一一个集商品研发、生产、销售于一体的国家。这意味着，兄弟
（中国）不仅可以为用户提供高性价比的产品，还可以针对中国客户的
个性化需求，由专业的团队提供量身定制的产品和服务，包括从硬件
到软件的综合解决方案，更加快速地满足中国顾客的需求，大大提升
了用户的使用体验。

积极参与，和地区社会共成长

兄弟（中国）一直积极支持地区社会成长。2018 年，当首届中国
国际进口博览会将要举办的消息传来，兄弟集团第一时间报名参加。
至今，已经连续全勤 5 届，并即将参展第 6 届。进博会是中国开放的
重要窗口，也显示了国家进一步扩大开放的决心。通过这一国家级平
台的展示，更多的用户了解了兄弟集团的产品体系和品牌文化，有助
于集团提升品牌价值和认知度。

除了业务活动方面，兄弟（中国）也注重承担企业的地区社会责
任。兄弟集团设定了"环境愿景 2050"，致力于在 2050 年整体实现碳
中和，价值链上下游碳排放量最小化。兄弟（中国）延续了集团的愿
景，并结合所在地区社会的需求与呼声，在成立初期，就开展了保护
环境和关爱青少年成长的公益活动。从最初支持所在地区的绿化建设

兄弟（中国）在进博会

兄弟（中国）员工赴内蒙古参与防沙植树

兄弟（中国）捐赠缝绣一体机，资助云南绣娘

和青少年儿童助学，到着眼国内沙漠化防治、癌症患者关爱、助力云南绣娘弘扬非遗文化等，兄弟（中国）不断优化、扩大社会企业责任活动的宽度和深度。

结缘外服

上海外服是中国人力资源服务行业的领跑企业。自 2016 年起，就与兄弟（中国）开展了深远的合作。

一是外服的服务很大程度上提高了企业的运营效率。将基础人事服务、补充福利发放等非核心职能对外承包给专业机构操作，不仅专业性更强，还可以大量减少企业的时间成本与人力成本，帮助企业在复杂多变的环境中，将更多精力投入所需的业务创新与升级。

二是外服在及时传递专业信息、就相关咨询给出专业回复等方面给予企业很大帮助。外服与兄弟（中国）保持紧密沟通，确保联络有效、畅通。日常服务反馈时间通常为 24 小时内。合规是企业高质量可持续发展的重要条件之一。外服的沟通与咨询在帮助兄弟（中国）应对各种条款变更的同时，也让兄弟（中国）可以为员工提供更贴心的服务，打造令人信赖、自豪的高质量职场。

展望未来

"一直努力顺应时代以及环境变化"是兄弟集团的座右铭。当下正经历着从工业时代向数字化时代的跨越，生活也日新月异。技术革命带来的影响远远超过大家的想象，这也是人类社会有史以来最为伟大的一次变革，在中国的变化更是举世瞩目。因此，兄弟（中国）始终坚持"在中国诞生，伴中国成长"，顺应中国社会和技术的发展，通过技术创新来应对中国市场的变化，通过强化价值革新来快速回应中国顾客的特殊需求，支持人们的价值创造，追求负责任的价值链，助力可持续发展。期待在中国市场谱写更加精彩辉煌的新篇章！

放大生活的精彩和幸福

晴姿（上海）企业管理有限公司

JINS（睛姿）是日本著名的快时尚眼镜品牌，由上市公司株式会社 JINS 独资创办。一直以来，JINS 坚持自主开发新产品，无论顾客何时前来光顾，都能看到品种齐全、设计新颖的产品。JINS 想要的是建立顾客爱光顾的店铺，并以日式优质服务迎接顾客的到来。JINS 以其高质量产品、超优质的服务、丰富多样的产品系列、时尚的款式、平民化的价格赢得了众多消费者的信赖。自 2001 年 4 月 1 日首家店铺"JINS 天神店"在日本开业，正式开展眼镜相关业务以来，JINS 快速成长，目前在全球拥有超过 700 家店铺。作为全球性公司，JINS 不只着眼于日本、中国，而是朝着世界第一眼镜品牌的方向在努力。

JINS 掀起了眼镜界高价值低价格的改革浪潮。399 元、599 元、799 元，包含 1.60 非球面镜片的套餐价格，把脸型数值化，同时追求

JINS 眼镜

轻松佩戴和时尚风格的日本高品质设计。JINS 赋予了眼镜前所未有的全新附加值，为视力良好的顾客开发出功能性眼镜，创造出全新的"理所当然"。

JINS 经营自有品牌，自主开发新产品，配合日式服务，力求建立让顾客喜爱、满意的店铺。店内通常会摆设超过 1200 副匠心独具的镜框。从企划到销售的整个流程通常在 3 个月内完成，这正是 JINS"SPA 方式"的特色。无论从价格、时尚性还是质量方面均作了周全的考虑，这也正是 JINS 眼镜人气高涨的原因所在。

2009 年，JINS 推出"Airframe®"轻型镜架，一举颠覆了"眼镜是很沉重的东西"这个刻板印象，尽可能地实现了佩戴的舒适感；2011 年，"JINS PC®"功能型眼镜亮相，将"保护眼睛"的功能附加到眼镜上，创造了新的眼镜的形式……在眼镜行业，JINS 一直是行业的风向标，每每推出新品后不久，即被许多后来者"跟风"。就连 JINS 店铺率先设计放置的盒型眼镜货架，也因其方便整理的优点，被很多同行眼镜店采用。"现在外面的眼镜店几乎每家都有呢！"睛姿（上海）企业管理有限公司总经理宇部真记先生说。

在 JINS 的总经理看来，被"跟风"、被模仿并不是一件坏事。相反，JINS 品牌正在用自己的方式，用一种不断追求创新、突破自我的节奏，引领着全球眼镜行业标准体系的建立与变革。

公司积极拓展中国大陆业务，作为全球性公司着眼于全球和未来，以成为世界第一眼镜企业为目标努力扩大企业规模，发展企业文化。JINS 努力创造出员工喜爱的工作环境，提倡团队合作，和谐发展；JINS 注重每一位员工的发展，给每一位员工提供完善的培训制度和广阔的发展空间，鼓励员工提高自身从而完善企业。

JINS 上海环球金融中心店

2010 年 12 月，"JINS 沈阳亚玛达店"在辽宁省沈阳市开张，JINS 开始正式进军中国市场。高质量的产品、超优质的服务，以及平民化的价格，为 JINS 赢得了众多中国消费者的信赖。2014 年 1 月，中国第 20 家门店"JINS 上海来福士广场店"开业后，JINS 品牌迅速扩张，截至 2023 年，中国国内店铺已经超过 200 家，品牌身影遍布上海、北京、天津、成都、广州等十多个城市。

通过眼镜丰富人们的生活

对于近视的人来说，每天佩戴眼镜时长超过 12 小时，是生活的必需品。但近年来，JINS 不断推陈出新，让功能型眼镜得到普及，眼镜不再是近视人群的专属。JINS 推出的名为"JINS MEME"的智能眼镜，通过监测眼球运动来确定佩戴者的精神和身体疲劳程度，甚至可以检查佩戴者的坐姿是否正确，并传送数据到手机。

JINS 以"Magnify life"（丰富生活）为品牌概念，鼓励人们改变看待世界的方式，通过 JINS 的眼镜体验更为丰富的生活。宇部总经理对此作出了自己的解读："我们的眼镜就像放大镜，带给客户全新的体验，让人们的生活更丰富多彩，幸福指数越来越高。"

在 JINS 看来，眼镜已经成为日常穿搭所需的配件之一，是一种时尚、机能性的消费需求。目前 JINS 有 30% 的产品专门针对中国市场而开发，同时还会根据每个城市的特点，开发热门产品。

"在过去的几年里，JINS 品牌完成了 10 倍的成长，未来也将以 10 倍的高速继续成长，JINS 会成为中国第一乃至世界第一的眼镜零售企业。"谈起 JINS 的未来蓝图，宇部总经理充满信心。

店铺是零售的重心，店长是店铺的重心

在 JINS 的管理层看来，"店铺是零售的重心，店长是店铺的重心"。"店长培养"是 JINS 在管理上非常重视，也是投入巨大的，这一点与行业内其他企业都不一样。"优秀的店长关心店的营业额，想尽办法让员工朝一个方向努力，这是一家店的基础。"如果一年内培养了 30 位达标的店长，那么 JINS 就会新开 30 家店铺，让更多人知道品牌。

JINS 扩张是以店长人才数量为前提。在人才激励体系方面主要有

JINS MEME 儿童款

两种方式：第一，对于一般员工，一年内有 2 次工资和职位提升的机会，只要达成目标就可实现。第二是店长有 8 个级别，通过眼镜专业技能、顾客接待礼仪、售后服务反馈等考核内容给予店长上升通道。

2011 年年底，JINS 在上海设立总公司，自此开启了与上海外服的共赢之路。12 年间，JINS 已在中国设立超过 200 家门店，其中离不开上海外服在人力资源方面提供的专业建议、强大的服务网络、高素质专家团队给予企业的全方位支持。多年来，JINS 与上海外服在全国人事管理、员工福利等方面一直保持良好的合作，未来，伴随着 JINS 在中国本土经营方针的转变，应对国际国内的趋势变化，JINS 仍然期待能与上海外服风雨同舟，携手并进。

JINS 在第三届进博会的展台

JINS 在中国的业务不断扩大，社会影响力逐渐增强。公司也一直致力于社会公益活动，在业务经营的同时履行社会责任。由 JINS 发起的爱心助学主题镜盒产品，以爱心助力在群山间架起彩虹为设计灵感，镜盒内部的书本和外侧的直尺寓意学习和知识，架在山间的彩虹则象征着万千关心青少年教育的心意。爱心助学主题产品的销售所得金额，JINS 将全部捐赠给中国青少年发展基金会用于学校建设。

2021 年，JINS 联手佳能医疗系统（中国）有限公司，打造了国内首批"线下 + 线上"AI 人工智能眼疾病早期筛查服务。这是 JINS 与佳能医疗在全面战略合作下落地的首个重点项目，该项目截至 2022 年 10 月底已经为近 3900 位顾客提供了眼病筛查服务。

JINS × 佳能"线下 + 线上"AI 人工智能眼疾病早期筛查项目签约仪式

永葆初心，向美而生

玫丽盼贸易（上海）有限公司

玫丽盼（Milbon）专业美发品牌源自 1965 年，创业至今已逾 60 载，始终专注于为全球消费者提供值得信赖的高品质美发产品，携手美发设计师为人们发现潜藏未觉的美丽，从而成就每个人心目中憧憬的自我印象，尽情绽放人生的绚丽华彩。

玫丽盼贸易（上海）有限公司是日本上市企业——玫丽盼株式会

玫丽盼（浙江）化妆品有限公司

社于 2007 年在华创立的全资子公司，秉持着为中国美发业界的繁荣发展贡献一己之力的信念，开展沙龙专业美发产品的相关业务，目前拥有上海、北京、成都 3 处直销公司以及覆盖全国的代理商经销网点，作为中国美发行业不断进化发展的坚强后盾，振奋精神，竭诚贡献。

初心如炬，辉映坚守之路

回首往事，60 多年前日本美发沙龙的主要项目还是烫发，为了烫出强烈的卷曲度，会使用强碱性烫发剂。在新年前的一段生意繁忙期，发型师往往都要忙到半夜，而双手则会被强碱性烫发剂腐蚀而皲裂，连洗手都会感到钻心刺痛。当时还是高中生的鸿池一郎，目睹发型师令人感到心疼的双手，产生强烈的愿望——要帮助发型师！他以此为初心创立了玫丽盼株式会社。这一初心至今为全体玫丽盼人所传承、坚守。

每一个玫丽盼人都坚守不只卖商品，而专注于通过原创教育支持合作沙龙人才培养的信念。玫丽盼坚信，美发沙龙应当是成就梦想的场所，在这个场所，顾客的美丽梦想化为现实，同时也是实现沙龙员工人生梦想的舞台。教育是帮助员工掌握真知卓识，提升专业能力，成为优秀人才的关键，也是沙龙是否具有可持续发展力的关键。玫丽盼以成为最受中国发型师支持的生产商为目标导向，坚守"以低效换高效"的理念，摒弃司空见惯的商品促销活动、广告宣传等营销手段，不惜成本，不计得失，全力推进以非盈利性教育为中心的市场活动，支持发型设计师勇于超越当下，不断磨砺水准，孕育中国美、中国风的发型设计，从而让国人展现更美、更自信的风貌，悦享美好人生。同时，致力于通过与全国各地代理商的协作体制，培养优秀人才，提升中国美发文化的价值。

玫丽盼坚信"最慢的步伐不是踯步，而是徘徊；最快的脚步不是冲刺，而是坚持"。在华发展的十数年间，玫丽盼始终倡导美发沙龙形成正确价值观与未来发展方向，通过因材施教、深耕细作的系统化教育，涵盖符合当今时代需求的美发专业知识与技能、人文素养、审美感性等领域，摒弃"千人一面"的传统美发教育模式，力求尊重个性，达到"千姿百态，百花齐放"的教育成果。十年树木，百年树人。没有质朴踏实的美发系统教育，就难以形成人才辈出的生动局面，为消费者创造个性之美更是无从谈起。为此，玫丽盼人无比坚定，通过为行业繁荣兴盛作出本质贡献，收获发型设计师的支持，才是行稳致远最根本的保障。

向美而生，发现美丽

玫丽盼认为秀发是映照内心的镜子。美蕴于内心，透过秀发而昭显于外，当内心平和从容时，秀发也柔润顺服；反之，当内心焦虑烦躁时，秀发也会蓬乱不堪。玫丽盼致力于研发融汇感性与科学的优越产品，支持发型设计师持续通过"美"的事业，帮助每一个人因美好形象而收获自信，洋溢活力，由此赋予社会整体蓬勃朝气，为富裕文明的社会构建作出贡献。

为此，玫丽盼构建了TAC（目标机构客户，Target Authority Customer）产品开发系统。关于染烫、洗护、造型等产品的开发，探访各个领域备受顾客认可、具备高水准技术的发型设计师，彻底分析论证其成功的核心技术，将此美发技术和理念进行科学标准化，融入商品的研发、改良、生产。通过产品传递成功美发技术，使之能在更多沙龙得到再现与妥善应用。将发型设计师指尖多彩而细腻的技巧，用先进的科研技术进行分析，确保"设计灵感与感性"转为数值化的

"科学理性"。TAC 开发系统所研发的美发专业产品，均诞生自感性与科学的有机结合。以顾客审美观、价值观为核心，以科研为重点，以开发为手段，以应用为目的，以质量为基础，与美发行业的顶级设计师紧密合作，运用技术优势，实现领先的生产。公司始终心恒志坚，保障卓越品质，致力于研发优质产品，回报给每一位消费者，将美丽事业进行到底！

实践 SDGs，推进可持续发展

玫丽盼作为兼具生产与销售机能的企业致力于全球和自身的可持续发展，明确自身的 SDGs 履责领域，满足促进经济、环境和社会协调发展所需，结合自身所处的美发行业特点及拥有的资源禀赋，以超越商业组织边界的思维和行动，更好地担当起全球企业公民的职责，融入全球治理体系，为推动全球可持续发展贡献一份力量。

玫丽盼公司以社会职责为己任，在生产全流程都关注环境保护。在生产现场将节省能源、再生利用作为关键词，导入先进处理设备，实现工业废气、废水净化。此外，厂区内广泛栽种植物，合理设置生产工艺流程，以求最大限度节约地球资源。

玫丽盼贸易（上海）有限公司自 2007 年成立之初，即与上海外服展开了合作，迄今已经 15 年有余。2020 年玫丽盼（浙江）化妆品公司成立，成立前期也有幸得到外服公司的帮助，与外服展开相关业务合作。多年来，玫丽盼在中国的发展离不开外服专业的服务和有力的支持，上海外服不仅为玫丽盼员工的社保福利保驾护航，也连接起了玫丽盼与上海政商界的沟通桥梁。

玫丽盼岛田亘董事长对于中国市场也有自己的思考："中国是个地域辽阔、地区差别显著的市场，这就意味着我们要真挚面对各个地区，

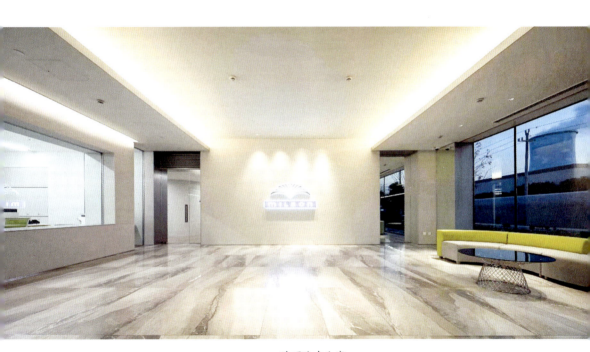

玫丽盼办公室

不断调研瞬息万变的消费者需求。"首先要走近、倾听消费者，了解和尊重消费者的需求、美丽意识、价值观；其次要具备适应变化的能力，同时保持谦虚的心态。任何时候都必须向美发沙龙传递市场、消费者的变化趋势，作为美发沙龙的合作伙伴持续引领未来正确发展方向，并通过提供前瞻性战略规划、一流的教育、贴心的服务、优质的产品，推动沙龙持续繁荣兴盛。

在 niko and … 破解"Z 世代"的消费密码

久恩玖贸易（上海）有限公司

　　niko and… 是日本时尚及生活方式零售集团、日本第二大本土服饰集团 Adastria 旗下品牌之一。它最早进驻中国是在 2019 年 12 月 21 日，在上海淮海中路 775 号开出中国大陆首店，该店以 3400 平方米的营业面积一举成为该品牌全球最大的旗舰店。不巧，开店一个月后，2020 年全球新冠肺炎疫情暴发，其对商业的冲击有目共睹。但一年后，niko

日本第二大本土服饰集团 Adastria 店铺

and...就在上海吴江路开出了中国第二家门店，吸引众多年轻人前往"打卡"。目前，niko and...在上海共开出 7 家门店。

进驻中国之初，niko and...的品牌知名度尚未形成气候，一切完全未知，Adastria China niko and...的市场电商部肩负重任，成为当之无愧的探路者。niko and...之后在上海的火爆，离不开 niko and...整个团队对中国前沿消费市场的深入洞察和对"Z 世代"消费密码的精准破解。

"我们对中国市场非常有信心"

niko and...全球第一家门店于 2008 年在日本开出，当时只有女装和杂货两个产品品类，店铺面积仅 100 多平方米。2022 年是 niko and...品牌诞生 15 周年，它在全球已拥有 130 多个门店，商品品类延展到男装、家居、咖啡厅、餐饮等类型，成为一个完整的生活方式潮流品牌。

如果时光回到 2019 年年底，Adastria China niko and...市场电商部

人并非出生即完整。

niko and ...

通过为，人·生活，添加「Style」来实现自我风格。

であうにあう

在惊喜与发现里「相遇」，渐渐与自己的生活方式「相合」。
niko and ... 以此想法为原点，
将服饰·家具·杂货·饮食·音乐·艺术等多种品类，
以独特观点去诠释，融入到更多属于"自己"的生活方式中。

niko and... 品牌理念

部长小泽隆行完全不能想象niko and ...能在短短3年间取得这样的成绩，特别是在上海深受"Z世代"用户的喜爱。

位于上海淮海中路的niko and ...中国首店正式开业当天，早上8点不到，店门前已经开始有人排队，到10点正式开业时，排队人数已超过300人。那一刻，小泽隆行悬着的心才算落了地。

虽然中国首店刚开张1个月就遭遇了史无前例的疫情"寒冬"，然而对niko and ...来说，反而是个难得的时间窗口。开业伊始就迎来了这么大的客流，是他们始料未及的。从日本调货、配货、陈列、开发新品、培训店员都需要一定的时间周期，正好利用这个时间窗口，进一步打磨产品、服务以及品牌，从而迅速调试状态。到2020年4、5月份，线下零售逐渐恢复，niko and ...已经做好了充分准备，为中国消费者提供更好的服务。

"我们对中国市场非常有信心，并希望从上海开始，辐射全国。"

niko and ...市场电商部部长小泽隆行

小泽隆行说。

niko and... 成都旗舰店在 2022 年 10 月份开出，依然选址在繁华地段。重庆旗舰店也于 11 月份开业。niko and... 在中国市场计划到 2025 年开出 50 家门店。中国将成为 niko and... 海外发展的重要一站。

"上海是全球化的大都市，只有在上海能够成功，niko and... 在中国的其他城市才能成功。因此我们在中国难度最高的城市起步，投入了我们的全力。"小泽隆行说。

另起炉灶，全情投入

从过往的工作经历中，市场电商部部长小泽隆行深刻地认识到："中国市场的变化前所未有，日本市场与中国市场是完全不同的市场。市场'打法'和营销逻辑一定要重新来过，在中国市场必须'另起炉灶'，全情投入。如果原样复刻日本市场的'打法'，不考虑中国市场的特点，最终会惨淡收场。"

回到日本，小泽隆行把自己对中国市场的观察心得分享给总部的同事们。最终，他说服了总部。前后筹备了一年左右，niko and... 中国大陆首店终于在上海市中心淮海中路和消费者见面。

进入中国市场之初，Adastria China 市场电商部花费了大量精力以思考 niko and... 的品牌运营。"必须根据中国市场消费者的差异性、不同城市之间的消费诉求逻辑迈开扩店步伐，最终确定，每一家 niko and... 中国分店需要各有所长，才能受到不同地域消费者的喜爱。"

例如，中国消费者与日本消费者最大的不同在于服装搭配。日本的年轻人喜欢穿宽松肥大的衣服，不太喜欢"显身材"。而中国的年轻人更喜欢短打紧身，姑娘们也很喜欢穿露脐装配高腰裤。这些都是不同地域消费者的诉求差异。因此产品开发上，消费者的"在地属性"

一定是第一位的。

中国首店创建之前，小泽隆行和中方的市场团队多次开展头脑风暴，对品牌定位以及产品营销方式均做了全面规划。得出的结论便是，中国客群要比日本的客户更为年轻一些。选择在商圈腹地开店，也是因为这些中国城市的年轻消费者一定都聚集在市中心，因此营销模式、推广方式甚至 KOL（关键意见领袖）的选择均更为年轻化。"在日本根本没有 KOL 带货的概念，中国市场对我来说，一切都是新的，一切都要重新布局，重新出发。"小泽隆行感慨道。

重构消费场景，捕获"Z 世代"的心

"有 30% 的产品，包括服装类、杂货类、户外类，都是在中国开发完成的。中国消费者和日本消费者的诉求明显不一样，在潮流服饰和家居用品上都需要因地制宜，有所区分。大家的生活方式不一样，因此诉求肯定不一样。在日本，niko and… 多数开在郊外，上海门店几乎都在中心城区商圈，这也让消费诉求有着更多差异性。"niko and… 的市场逻辑，要求它不停地更新对消费者诉求的把握，永远站在市场前沿。

niko and… 在其消费者画像中，也对中国"Z 世代"有着清晰的定位："Z 世代"消费者渴望新事物，渴望话题性强的产品。因此，niko and… 在新品开发中，考虑的不仅仅是产品本身，更多的是产品背后的消费逻辑和消费者通过购买行为实现的社交属性、价值认同。现在更需要考虑的是如何开发内容，构建崭新的消费场景。"我们跟消费者之间的沟通频率比较高，我们会在重要的假日节点，通过瑜伽、滑板活动、workshop（工作坊）等丰富的线下活动来增加消费者的黏度。"

　　"常换常新"，根据不同季节设置相应的消费主题，高频次更换产品品类，能在快消时代迅速锁定"Z世代"消费者的需求，这些独特优势也让niko and...赢得了中国年轻消费者的心，在众多日本零售品牌中脱颖而出。

　　每45天，niko and...就会更新自己的杂志，将消费热点和主力推荐通过杂志介绍给上海的消费者。将45天作为一个商品更新频次，可比主流消费市场按季的迭代速度快出一倍，与此同时，相应的产品开发速度、配货、物流、陈列、场景更替都要快出一倍。它对niko and...的市场团队提出了快于同行的更高要求。

　　显然，这种整合资源的效率才是市场竞争力。目前，正在进行的45天新主题是"户外"，这是当下都市年轻人特别喜爱的关键词。"我们在日本总部，有关'户外'的消费品类和产品线十分充足，这个主题对niko and...来说驾轻就熟。"niko and...认为，只有牢牢锁定消费者诉求，才能让niko and...时刻洞见消费潮流，把握消费脉搏。

　　"如今线上购物使商品唾手可得，它以快速便捷抢占了线下实体消费的份额。如何让消费者愿意走出家门，来到线下门店达成购买行为，这是消费品牌需要思考的问题。"小泽隆行认为，线下实体消费的价值在于，线下门店是让消费者沉浸式体验购物的一站式场景，能够使他们认同品牌所传递的价值观和理念。与其说售卖的是潮流单品，不如说niko and...锁定的是中国当下最具消费潜力的年轻客群，将一整套涵盖生活方方面面的Lifestyle（生活方式）传递给他们。

　　　　　　　（本文原载于上海外服"Ftimes"[2022年10月]）

后记

　　把发生在外企与中国和上海之间的这些真实故事，通过汇编书册的形式呈现出来，相信会让广大读者进一步了解外资企业，更深入地了解中国上海经济发展的历程，也让我们更有信心继续为企业"筑桥引路、聚才兴业"。

　　本书由上海外服（集团）有限公司人事管理事业部日本事业部牵头发起并负责策划和统稿，在编辑出版过程中，上海外服得到了广大日企客户的支持与鼓励。感谢各企业供稿人在接到征稿邀请的第一时间深入企业内部了解历史，发现好故事，写下好故事，并使这些生动、活泼、有温度的篇章汇集成了这部作品。

　　本书从策划到完成历时一年多，编者水平有限，疏漏差错在所难免，欢迎广大读者和专家批评指正。

2023 年 5 月 10 日

图书在版编目(CIP)数据

白玉兰的故事/上海外服(集团)有限公司编.—上
海:上海人民出版社,2023
ISBN 978-7-208-18411-4

Ⅰ.①白… Ⅱ.①上… Ⅲ.①外资公司-企业发展-
概况-上海 Ⅳ.①F279.244.3

中国国家版本馆 CIP 数据核字(2023)第 130516 号

特约编辑 陈祖恩
责任编辑 张晓玲 张晓婷
封面设计 苗庆东

白玉兰的故事
上海外服(集团)有限公司 编

出 版 上海人民出版社
         (201101 上海市闵行区号景路 159 弄 C 座)
发 行 上海人民出版社发行中心
印 刷 上海盛通时代印刷有限公司
开 本 720×1000 1/16
印 张 12.75
字 数 143,000
版 次 2023 年 11 月第 1 版
印 次 2023 年 11 月第 1 次印刷
ISBN 978-7-208-18411-4/F·2824
定 价 128.00 元